根据十八届四中全会决定中提出的
国家机关“谁执法谁普法”精神最新编写

档案
法律知识读本

中国社会科学院法学研究所法治宣传教育与公法研究中心◎组织编写

总顾问：张苏军　总主编：陈泽宪
本册主编：李　超　彭思思　赵　波

以案释法版

谁执法谁普法

中国出版集团
中国民主法制出版社
全国百佳图书出版单位

图书在版编目（CIP）数据

档案法律知识读本 ：以案释法版 / 中国社会科学院法学研究所法治宣传教育与公法研究中心组织编写. --北京 ：中国民主法制出版社，2016.10
（谁执法谁普法系列丛书）
ISBN 978-7-5162-1290-5

Ⅰ. ①档… Ⅱ. ①中… Ⅲ. ①档案法－基本知识－中国
Ⅳ. ①D922.164

中国版本图书馆CIP数据核字（2016）第198675号

责任编辑 / 刘佳迪
装帧设计 / 郑文娟

书　　名 / 档案法律知识读本（以案释法版）
作　　者 / 李　超　彭思思　赵　波

出版·发行 / 中国民主法制出版社
社　　址 / 北京市丰台区右安门外玉林里7号（100069）
电　　话 / 010-62152088
传　　真 / 010-62168123
经　　销 / 新华书店
开　　本 / 16开　710mm×1000mm
印　　张 / 9.75
字　　数 / 172千字
版　　本 / 2017年1月第1版　　2017年1月第1次印刷
印　　刷 / 北京精乐翔印刷有限公司

书　　号 / ISBN 978-7-5162-1290-5
定　　价 / 28.00元

丛书编委会名单

总　序

搞好法治宣传教育
营造良好法治氛围

全面推进依法治国，是坚持和发展中国特色社会主义，努力建设法治中国的必然要求和重要保障，事关党执政兴国、人民幸福安康、国家长治久安。

我们党长期重视依法治国，特别是党的十八大以来，以习近平同志为核心的党中央对全面依法治国作出了重要部署，对法治宣传教育提出了新的更高要求，明确了法治宣传教育的基本定位、重大任务和重要措施。十八届三中全会要求“健全社会普法教育机制”；十八届四中全会要求“坚持把全民普法和守法作为依法治国的长期基础性工作，深入开展法治宣传教育”；十八届五中全会要求“弘扬社会主义法治精神，增强全社会特别是公职人员尊法学法守法用法观念，在全社会形成良好法治氛围和法治习惯”。习近平总书记多次强调，领导干部要做尊法学法守法用法的模范。法治宣传教育要创新形式、注重实效，为我们做好工作提供了基本遵循。

当前，我国正处于全面建成小康社会的决定性阶段，依法治国在党和国家工作全局中的地位更加突出，严格执法、公正司法的要求越来越高，维护社会公平正义的责任越来越大。按照全面依法治国新要求，深入开展法治宣传教育，充分发挥法治宣传教育在全面依法治国中的基础作用，推动全社会树立法治意识，为“十三五”时期经济社会发展营造良好法治环境，为实现“两个一百年”奋斗目标和中华民族伟大复兴的中国梦作出新贡献，责任重大、意义深远。

为深入贯彻党的十八大和十八届三中、四中、五中、六中全会精神和习近平总书记系列重要讲话精神，以及中共中央、国务院转发《中央宣传部、司法部关于在公民中开展法治宣传教育的第七个五年规划（2016—2020年）》，扎实推进“七五”普法工作，中国社会科学院法学研究所联合中国民主法制出版社，组织国内有关方面的专家学者，在新一轮的五年普法规划实施期间，郑重推出“全面推进依法治国精品书库（六大系列）”，即《全国“七五”普法系列教材（以案释法版，25册）》《青少年法治教育系列教材（法治实践版，30册）》《新时期法治宣传教育工作理论与实务丛书（30册）》《“谁执法（主管）谁普法”系列丛书（以案释法版,80册）》《“七五”普法书架——以案释法系列丛书（60册）》和《“谁执法（主管）谁普法”系列宣传册（漫画故事版，90册）》。

其中“谁执法谁普法，谁主管谁负责”工作是一项涉及面广、工作要求高的系统工程。它以法律所调整的不同社会关系为基础，以行业监管或主管所涉及的法律法规为主体，充分发挥行业优势和主导作用，在抓好部门、行业内部法治宣传教育的同时，面向普法对象，普及该专属领域所涉及的法律法规的一种创新性普法方式。

实行“谁执法谁普法，谁主管谁负责”是贯彻落实中央精神、贯彻实施“七五”普法规划、深入推进新一轮全国法治宣传教育活动的重要举措。这一重要举措的切实实施，有利于充分发挥执法部门、行业主管的职能优势和主导作用，扩大普法依法治理工作覆盖面，增强法治宣传教育的针对性、专业性，促进执法与普法工作的有机结合，有利于各部门、各行业分工负责、各司其职、齐抓共管的大普法工作格局的形成。

为了深入扎实地做好“谁执法谁普法，谁主管谁负责”工作，我们组织编写了这套《“谁执法（主管）谁普法”系列丛书（以案释法版，80册）》。该丛书内容包括全面推进依法治国重大战略布局、宪法、行政法以及行业管理所涉及的法律法规制度。全书采取宣讲要点、以案释法的形式，紧紧围绕普法宣传的重点、法律规定的要点、群众关注的焦点、社会关注的热点、司法实践的难点，结合普法学习、法律运用和司法实践进行全面阐释，深入浅出，通俗易懂，具有较强的实用性和操作性，对于提高行业行政执法和业务管理人员能力水平，增强管理对象的法治意识具有积极意义。

衷心希望丛书的出版，能够为深入推进行业普法起到应有作用，更好地营造尊法学法守法用法的良好氛围。

本书编委会

2016年10月

目　录

第一章

全面推进依法治国的重大战略布局

导读

依法治国，就是广大人民群众在党的领导下，依照宪法和法律规定，通过法定形式管理国家事务，管理经济文化事业，管理社会事务，保证国家各项工作都依法进行，逐步实现民主制度化、法律化，建设社会主义法治国家。全面推进依法治国，是我们党从坚持和发展中国特色社会主义，实现国家治理体系和治理能力现代化，提高党的执政能力和执政水平出发，总结历史经验、顺应人民愿望和时代发展要求作出的重大战略布局。全面推进依法治国，必须坚持中国共产党的领导，坚持人民主体地位、坚持法律面前人人平等，坚持依法治国和以德治国相结合，坚持从中国实际出发。坚持依法治国、依法执政、依法行政共同推进，坚持法治国家、法治政府、法治社会一体建设，实现科学立法、严格执法、公正司法、全民守法，促进国家治理体系和治理能力现代化。

第一节　全面推进依法治国方略

依法治国，从根本上讲，就是广大人民群众在党的领导下，依照宪法和法律规定，通过法定形式管理国家事务、管理经济文化事业、管理社会事务，保证国家各项工作都依法进行，逐步实现民主制度化、法律化，建设社会主义法治国家。

一、全面推进依法治国的形成与发展过程

全面推进依法治国的提出，是对我们党严格执法执纪优良传统作风的传承，是对党的十五大报告提出的“依法治国，建设社会主义法治国家”的深化。历史

地看，我们党依法治国基本方略的形成和发展，经历了一个长期的探索发展过程。早在革命战争年代，我党领导下的革命根据地红色政权就陆续制定和颁布过《中华苏维埃共和国宪法大纲》《中国土地法大纲》《陕甘宁边区施政纲领》等一系列法律制度规定，为新生红色政权的依法产生和依法办事，为调动一切抗日力量抵御外来侵略者，为解放全中国提供了宪法性依据和法律遵循。遵守法纪、依法办事成为这一时期党政工作的一大特色。尽管从总体上看，为适应战时需要，当时主要实行的还是政策为主、法律为辅，但在战争年代，尤其是军事力量对比实力悬殊的情况下，我们党依然能够在革命根据地和解放区坚持探索和实践法制建设，充分显示了一个无产阶级政党领导人民翻身解放、当家作主的博大胸怀。1949年中华人民共和国成立，开启了中国法治建设的新纪元。从1949年到20世纪50年代中期，是中国社会主义法制的初创时期。这一时期中国制定了具有临时宪法性质的《中国人民政治协商会议共同纲领》和其他一系列法律、法令，对巩固新生的共和国政权，维护社会秩序和恢复国民经济，起到了重要作用。1954年第一届全国人民代表大会第一次会议制定的《中华人民共和国宪法》以及随后制定的有关法律，规定了国家的政治制度、经济制度和公民的权利与自由，规范了国家机关的组织和职权，确立了国家法制的基本原则，初步奠定了中国法治建设的基础。20世纪50年代后期至70年代初，特别是“文化大革命”的十年，中国社会主义法制遭到严重破坏。20世纪70年代末，中国共产党总结历史经验，特别是汲取“文化大革命”的惨痛教训，作出把“党和国家的工作重心转移到社会主义现代化建设上来”的重大决策，实行改革开放政策，明确了一定要靠法制治理国家的原则。为了保障人民民主，必须加强社会主义法制，使民主制度化、法律化，使这种制度和法律具有稳定性、连续性和权威性，使之不因领导人的改变而改变，不因领导人的看法和注意力的改变而改变，做到有法可依，有法必依，执法必严，违法必究，成为改革开放新时期法治建设的基本理念。在发展社会主义民主、健全社会主义法制的基本方针指引下，现行宪法以及刑法、刑事诉讼法、民事诉讼法、民法通则、行政诉讼法等一批基本法律出台，中国的法治建设进入了全新发展阶段。20世纪90年代，中国开始全面推进社会主义市场经济建设，由此进一步奠定了法治建设的经济基础，法治建设面临新的更高要求。1997年召开的中国共产党第十五次全国代表大会，将“依法治国”确立为治国基本方略，将“建设社会主义法治国家”确定为社会主义现代化的重要目标，并提出了建设中国特色社会主义法律体系的重大任务。1999年修宪，“中华人民共和国实行依法治国，建设社会主义法治国家”载入宪法，中国的法治建设开启了新篇章。进入21世纪，中国的法治建设继续向前推进。2002年召开的中国共产党第十六次全国代表大会，将

"社会主义民主更加完善，社会主义法制更加完备，依法治国基本方略得到全面落实"作为全面建设小康社会的重要目标。2004年修宪，"国家尊重和保障人权"载入宪法。2007年召开的中国共产党第十七次全国代表大会，明确提出全面落实依法治国基本方略，加快建设社会主义法治国家，并对加强社会主义法治建设作出了全面部署。2012年中共十八大召开以来，党中央高度重视依法治国。2014年10月，十八届四中全会专门作出《中共中央关于全面推进依法治国若干重大问题的决定》，描绘了全面推进依法治国的总蓝图、路线图、施工图，标志着依法治国按下了"快进键"、进入了"快车道"，对我国社会主义法治建设具有里程碑意义。在新的历史起点上，我们党更加重视全面依法治国和社会主义法治建设，强调落实依法治国基本方略，加快建设社会主义法治国家，全面推进科学立法、严格执法、公正司法、全民守法进程，强调坚持党的领导，更加注重改进党的领导方式和执政方式；依法治国，首先是依宪治国；依法执政，关键是依宪执政；新形势下，我们党要履行好执政兴国的重大职责，必须依据党章从严治党、依据宪法治国理政；党领导人民制定宪法和法律，党领导人民执行宪法和法律，党自身必须在宪法和法律范围内活动，真正做到党领导立法、保证执法、带头守法。当前，我国全面建成小康社会进入决定性阶段，改革进入攻坚期和深水区。我们党面临的改革发展稳定任务之重前所未有、矛盾风险挑战之多前所未有，依法治国在党和国家工作全局中的地位更加突出、作用更加重大。全面推进依法治国是关系我们党执政兴国、关系人民幸福安康、关系党和国家长治久安的重大战略问题，是完善和发展中国特色社会主义制度、推进国家治理体系和治理能力现代化的重要方面。我们要实现党的十八大和十八届三中、四中、五中全会作出的一系列战略部署，全面建成小康社会、实现中华民族伟大复兴的中国梦，全面深化改革、完善和发展中国特色社会主义制度，就必须在全面推进依法治国上作出总体部署、采取切实措施、迈出坚实步伐。

以案释法 01

严格依法办事、坚持从严治党

2015年5月22日，天津市第一中级人民法院鉴于周永康案中一些犯罪事实证据涉及国家秘密，依法对周永康案进行不公开审理。天津市第一中级人民法院经审理认为，周永康受贿数额特别巨大，但其归案后能如实供述自己的罪行，认罪悔罪，绝大部分贿赂系其亲属收受且其系事后知情，案发后主动要求亲属退赃且受贿款物全部追缴，具有法定、酌定的从轻处罚情节；滥用职权，犯罪情节特别严重；故意泄露国家秘密，犯罪情节特别严重，但未造成特别严重的后果。根据周永康犯罪的事实、性质、情节和对于社会的危害程度，天津市第一中级人民法院于2015年6月11日宣判，周永康犯受贿罪，判处无期徒刑，剥夺政治权利终身，并处没收个人财产；犯滥用职权罪，判处有期徒刑七年；犯故意泄露国家秘密罪，判处有期徒刑四年，三罪并罚，决定执行无期徒刑，剥夺政治权利终身，并处没收个人财产。周永康在庭审最后陈述时说："我接受检方指控，基本事实清楚，我表示认罪悔罪；有关人员对我家人的贿赂，实际上是冲着我的权力来的，我应负主要责任；自己不断为私情而违法违纪，违法犯罪的事实是客观存在的，给党和国家造成了重大损失；对我问题的依纪依法处理，体现了中国共产党全面从严治党、全面依法治国的决心。"

释解

周永康一案涉及新中国成立以来第一例因贪腐被中纪委立案审查的正国级领导干部。周永康的落马充分反映了我们党全面从严治党、全面依法治国的坚定决心。说明反腐没有"天花板"，无论任何人，不管位有多高，权有多大，只要违法乱纪，一样要严惩不贷。周永康一案的宣判表明，无论是位高权重之人，还是基层党员干部，都应始终敬畏党纪、敬畏国法，不以权谋私，切忌把权力当成自家的"后花园"。通过办案机关依法办案、文明执法，讲事实、讲道理，周永康也认识到自己违法犯罪的事实给党的事业造成的损失，给社会造成了严重影响，并多次表示认罪悔罪。综观周永康一案从侦办、审理到宣判，整个过程都坚持依法按程序办案，很好地体现了"以法治思维和法治方式反对腐败"的基本理念。这充分说明，我们党敢于直面问题、纠正错误，勇于从严治党、依法治国。周永康案件再次表明，党纪国法绝不是"橡皮泥""稻草人"，无论是因为"法盲"导致违纪违法，还是故意违规违法，都要受到追究，否则就会形成"破窗效应"。法治之下，任何人都不能心存侥幸，也不能指望法外施恩，没有免罪的"丹书铁券"，也没有"铁帽子王"。

二、全面推进依法治国必须坚持的基本原则

全面推进依法治国是一项系统工程，是国家治理领域一场广泛而深刻的革命，需要付出长期艰苦努力，这一过程中，既要避免不作为，又要防范乱作为。为此，党的十八届四中全会明确提出了全面推进依法治国必须要坚持的基本原则，即坚持中国共产党的领导，坚持人民主体地位，坚持法律面前人人平等，坚持依法治

国和以德治国相结合，坚持从中国实际出发。

（一）党的领导原则

党的领导是中国特色社会主义最本质的特征，是社会主义法治最根本的保证。把党的领导贯彻到依法治国全过程和各方面，是我国社会主义法治建设的一条基本经验。我国宪法确立了中国共产党的领导地位。坚持党的领导，是社会主义法治的根本要求，是党和国家的根本所在、命脉所在，是全国各族人民的利益所系、幸福所系。实践证明，只有把依法治国基本方略的贯彻实施同依法执政的基本方式统一起来，把党领导立法、保证执法、支持司法、带头守法统一起来，把党总揽全局、协调各方同人大、政府、政协、审判机关、检察机关依法依章程履行职能、开展工作统一起来，把党领导人民制定和实施宪法法律同党坚持在宪法法律范围内活动统一起来，才能确保法治中国的建设有序推进、深入开展。

（二）人民主体原则

在我国，人民是依法治国的主体和力量源泉，法治建设以保障人民根本权益为出发点和落脚点。法治建设的宗旨是为了人民、依靠人民、保护人民、造福人民。因此，全面推进依法治国，必须要保证人民依法享有广泛的权利和自由、承担应尽的义务，维护社会公平正义，促进共同富裕。全面推进依法治国，就是为了更好地实现人民在党的领导下，依照法律规定，通过各种途径和形式管理国家事务，管理经济文化事业，管理社会事务。法律既是保障公民权利的有力武器，也是全体公民必须一体遵循的行为规范，因此全面推行依法治国，必须要坚持人民主体原则，切实增强全社会学法尊法守法用法意识，使法律为人民所掌握、所遵守、所运用。

（三）法律面前人人平等原则

平等是社会主义法律的基本属性。法律面前人人平等，要求任何组织和个人都必须尊重宪法法律权威，都必须在宪法法律范围内活动，都必须依照宪法法律行使权力或权利、履行职责或义务，都不得有超越宪法法律的特权。全面推行依法治国，必须维护国家法制统一、尊严和权威，切实保证宪法法律有效实施，任何人都不得以任何借口任何形式以言代法、以权压法、徇私枉法。必须规范和约束公权力，加大监督力度，做到有权必有责、用权受监督、违法必追究。坚决纠正有法不依、执法不严、违法不究行为。

（四）依法治国和以德治国相结合原则

法律和道德同为社会行为规范，在支撑社会交往、维护社会稳定、促进社会发展方面，发挥着各自不同的且不可替代的交互作用，国家和社会治理离不开法律和道德共同发挥作用。全面推进依法治国，必须要既重视发挥法律的规范作用，又重视发挥道德的教化作用，要坚持一手抓法治、一手抓德治，大力弘扬社会主义核心价值观，弘扬中华传统美德，培育社会公德、职业道德、家庭美德、个人品德。法治要体现道德理念、强化对道德建设的促进作用，道德要滋养法治精神、强化对法治文化的支撑作用，以实现法律和道德相辅相成、法治和德治相得益彰。

（五）从实际出发原则

全面推进依法治国是中国特色社会主义道路、理论、制度实践的必然选择。建设法治中国，必须要从我国基本国情出发，同改革开放不断深化相适应，总结和运用党领导人民实行法治的成功经验，围绕社会主义法治建设重大理论和实践问题，深入开展法治建设，推进法治理论创新。

三、全面推进依法治国的总体要求

十八届四中全会是我党历史上第一次通过全会的形式专题研究部署、全面推进依法治国问题。全会在对全面推进依法治国的重要意义、重大作用、指导思想和基本原则作了系统阐述的基础上，站在总揽全局、协调各方的高度，对全面推进依法治国进程中的人大、政府、政协、审判、检察等各项工作提出了工作要求。

（一）加强立法工作，完善中国特色社会主义法律体系建设和以宪法为核心的法律制度实施

1.建设中国特色社会主义法治体系，坚持立法先行，发挥立法的引领和推动作用，抓住提高立法质量这个关键

立法工作要恪守以民为本、立法为民理念，贯彻社会主义核心价值观，要符合宪法精神、反映人民意志、得到人民拥护。要把公正、公平、公开原则贯穿立法全过程，完善立法体制机制，坚持立改废释并举，增强法律法规的及时性、系统性、针对性、有效性。坚持依法治国，首先要坚持依宪治国、坚持依宪执政。一切违反宪法的行为都必须予以追究和纠正。为了强化宪法意识，党和国家还确定，每年12月4日定为国家宪法日。在全社会普遍开展宪法教育，弘扬宪法精神。建立宪法宣誓制度，凡经人大及其常委会选举或者决定任命的国家工作人员正式就职时公开向宪法宣誓。

2.完善党对立法工作中重大问题决策的程序

凡立法涉及重大体制和重大政策调整的，必须报党中央讨论决定。党中央向全国人大提出宪法修改建议，依照宪法规定的程序进行宪法修改。法律制定和修改的重大问题由全国人大常委会党组向党中央报告。健全有立法权的人大主导立法工作的体制机制。建立由全国人大相关专门委员会、全国人大常委会法制工作委员会组织有关部门参与起草综合性、全局性、基础性等重要法律草案制度。增

加有法治实践经验的专职常委比例。依法建立健全专门委员会、工作委员会立法专家顾问制度。加强和改进政府立法制度建设，完善行政法规、规章制定程序，完善公众参与政府立法机制。重要行政管理法律法规由政府法制机构组织起草。明确立法权力边界，从体制机制和工作程序上有效防止部门利益和地方保护主义法律化。明确地方立法权限和范围，依法赋予设区的市地方立法权。

3. 深入推进科学立法、民主立法

加强人大对立法工作的组织协调，健全立法起草、论证、协调、审议机制，健全向下级人大征询立法意见机制，建立基层立法联系点制度，推进立法精细化。更多发挥人大代表参与起草和修改法律的作用。充分发挥政协委员、民主党派、工商联、无党派人士、人民团体、社会组织在立法协商中的作用，拓宽公民有序参与立法途径，广泛凝聚社会共识。

4. 加强重点领域立法

依法保障公民权利，加快完善体现权利公平、机会公平、规则公平的法律制度，保障公民人身权、财产权、基本政治权利等各项权利不受侵犯，保障公民经济、文化、社会等各方面权利得到落实，实现公民权利保障法治化。增强全社会尊重和保障人权意识，健全公民权利救济渠道和方式。

（二）深入推进依法行政，加快建设法治政府

各级政府必须坚持在党的领导下、在法治轨道上开展工作，创新执法体制，完善执法程序，推进综合执法，严格执法责任，建立权责统一、权威高效的依法行政体制，加快建设职能科学、权责法定、执法严明、公开公正、廉洁高效、守法诚信的法治政府。

1. 依法全面履行政府职能

完善行政组织和行政程序法律制度，推进机构、职能、权限、程序、责任法定，行政机关要坚持法定职责必须为、法无授权不可为，勇于负责、敢于担当，坚决纠正不作为、乱作为，坚决克服懒政、怠政，坚决惩处失职、渎职。行政机关不得法外设定权力，没有法律法规依据不得作出减损公民、法人和其他组织合法权益或者增加其义务的决定。

2. 健全依法决策机制

把公众参与、专家论证、风险评估、合法性审查、集体讨论决定确定为重大行政决策作出的法定程序，确保决策制度科学、程序正当、过程公开、责任明确。建立重大决策终身责任追究制度及责任倒查机制，对决策严重失误或者依法应该及时作出决策但久拖不决造成重大损失、恶劣影响的，严格追究行政首长、负有责任的其他领导人员和相关责任人员的法律责任。

3. 深化行政执法体制改革

根据不同层级政府的事权和职能，按照减少层次、整合队伍、提高效率的原则，合理配置执法力量。推进综合执法，大幅减少市县两级政府执法队伍种类，重点在食品药品安全、工商质检、公共卫生、安全生产、文化旅游、资源环境、农林水利、交通运输、城乡建设、海洋渔业等领域内推行综合执法，有条件的领域可以推行跨部门综合执法；严格实行行政执法人员持证上岗和资格管理制度，未通过执法资格考试，不得授予执法资格，不得从事执法活动。严格执行罚缴分离和收支两条线管理制度，严禁收费罚没收入同部门利益直接或者变相挂钩。

4. 坚持严格规范公正文明执法

依法惩处各类违法行为，加大关系群众切身利益的重点领域执法力度。完善执法程序，建立执法全过程记录制度。明确具体操作流程，重点规范行政许可、行政处罚、行政强制、行政征收、行政收费、行政检查等执法行为。严格执行重大执法决定法制审核制度。全面落实行政执法责任制，严格确定不同部门及机构、岗位执法人员执法责任和责任追究机制，加强执法监督，坚决排除对执法活动的干预，防止和克服地方和部门保护主义，惩治执法腐败现象。

5. 强化对行政权力的制约和监督

加强党内监督、人大监督、民主监督、行政监督、司法监督、审计监督、社会监督、舆论监督制度建设，努力形成科学有效的权力运行制约和监督体系，增强监督合力和实效。加强对政府内部权力的制约，对财政资金分配使用、国有资产监管、政府投资、政府采购、公共资源转让、公共工程建设等权力集中的部门和岗位实行分事行权、分岗设权、分级授权，定期轮岗，强化内部流程控制，防止权力滥用。改进上级机关对下级机关的监督，建立常态化监督制度。完善纠错问责机制，健全责令公开道歉、停职检查、引咎辞职、责令辞职、罢免等问责方式和程序。完善审计制度，保障依法独立行使审计监督权。对公共资金、国有资产、国有资源和领导干部履行经济责任情况实行审计全覆盖。

6. 全面推进政务公开

坚持以公开为常态、不公开为例外原则，推进决策公开、执行公开、管理公开、服务公开、结果公开。各级政府及其工作部门依据权力清单，向社会全面公开政府职能、法律依据、实施主体、职责权限、管理流程、监督方式等事项。重点推进财政预算、公共资源配置、重大建设项目批准和实施、社会公益事业建设等领域的政府信息公开。涉及公民、法人或其他组织权利和义务的规范性文件，按照政府信息公开要求和程序予以公布。推行行政执法公示制度。推进政务公开信息化，加强互联网政务信息数据服务平台和便民服务平台建设。

（三）保证公正司法，提高司法公信力

必须完善司法管理体制和司法权力运行机制，规范司法行为，加强对司法活动的监督，努力让人民群众在每一个司法案件中感受到公平正义。

1. 完善确保依法独立公正行使审判权和检察权的制度

建立领导干部干预司法活动、插手具体案件处理的记录、通报和责任追究制度。任何党政机关和领导干部都不得让司法机关做违反法定职责、有碍司法公正的事情，任何司法机关都必须执行党政机关和领导干部不得违法干预司法活动的要求。对干预司法机关办案的，给予党纪政纪处分；造成冤假错案或者其他严重后果的，依法追究刑事责任。

2. 优化司法职权配置

健全公安机关、检察机关、审判机关、司法行政机关各司其职，侦查权、检察权、审判权、执行权相互配合和制约的体制机制。完善审级制度，一审重在解决事实认定和法律适用，二审重在解决事实法律争议、实现二审终审，再审重在依法纠错、维护裁判权威；建立司法机关内部人员过问案件的记录制度和责任追究制度。完善主审法官、合议庭、主任检察官、主办侦查员办案责任制，落实谁办案谁负责。

3. 推进严格司法

健全事实认定符合客观真相、办案结果符合实体公正、办案过程符合程序公正的法律制度。加强和规范司法解释和案例指导，统一法律适用标准。全面贯彻证据裁判规则，严格依法收集、固定、保存、审查、运用证据，完善证人、鉴定人出庭制度，保证庭审在查明事实、认定证据、保护诉权、公正裁判中发挥决定性作用。明确各类司法人员工作职责、工作流程、工作标准，实行办案质量终身负责制和错案责任倒查问责制，确保案件处理经得起法律和历史检验。

4. 保障人民群众参与司法

坚持人民司法为人民，依靠人民推进公正司法，通过公正司法维护人民权益。在司法调解、司法听证、涉诉信访等司法活动中保障人民群众参与。推进审判公开、检务公开、警务公开、狱务公开，依法及时公开执法司法依据、程序、流程、结果和生效法律文书，杜绝暗箱操作。

5. 加强人权司法保障

强化诉讼过程中当事人和其他诉讼参与人的知情权、陈述权、辩护辩论权、申请权、申诉权的制度保障。健全落实罪刑法定、疑罪从无、非法证据排除等法律原则的法律制度。完善对限制人身自由司法措施和侦查手段的司法监督，加强

对刑讯逼供和非法取证的源头预防，健全冤假错案有效防范、及时纠正机制。

6. 加强对司法活动的监督

完善检察机关行使监督权的法律制度，加强对刑事诉讼、民事诉讼、行政诉讼的法律监督。完善人民监督员制度，重点监督检察机关查办职务犯罪的立案、羁押、扣押和冻结财物、起诉等环节的执法活动。依法规范司法人员与当事人、律师、特殊关系人、中介组织的接触、交往行为。严禁司法人员私下接触当事人及律师、泄露或者为其打探案情、接受吃请或者收受其财物、为律师介绍代理和辩护业务等违法违纪行为，坚决惩治司法掮客行为，防止利益输送。

（四）增强全民法治观念，推进法治社会建设

弘扬社会主义法治精神，建设社会主义法治文化，增强全社会厉行法治的积极性和主动性，形成守法光荣、违法可耻的社会氛围，使全体人民都成为社会主义法治的忠实崇尚者、自觉遵守者、坚定捍卫者。

1. 推动全社会树立法治意识

坚持把全民普法和守法作为依法治国的长期基础性工作，深入开展法治宣传教育，引导全民自觉守法、遇事找法、解决问题靠法。坚持把领导干部带头学法、模范守法作为树立法治意识的关键，完善国家工作人员学法用法制度，把法治教育纳入国民教育体系，从青少年抓起，在中小学设立法治知识课程。健全普法宣传教育机制，各级党委和政府要加强对普法工作的领导，宣传、文化、教育部门和人民团体要在普法教育中发挥职能作用。实行国家机关“谁执法谁普法”的普法责任制，建立法官、检察官、行政执法人员、律师等以案释法制度。把法治教育纳入精神文明创建内，开展群众性法治文化活动，健全媒体公益普法制度，加强新媒体新技术在普法中的运用，提高普法实效；加强社会诚信建设，健全公民和组织守法信用记录，完善守法诚信褒奖机制和违法失信行为惩戒机制，使尊法守法成为全体人民的共同追求和自觉行动；加强公民道德建设，弘扬中华优秀传统文化，增强法治的道德底蕴，强化规则意识，倡导契约精神，弘扬公序良俗。发挥法治在解决道德领域突出问题中的作用，引导人们自觉履行法定义务、社会责任、家庭责任。

2. 推进多层次多领域依法治理

深入开展多层次多领域法治创建活动，深化基层组织和部门、行业依法治理，支持各类社会主体自我约束、自我管理。发挥市民公约、乡规民约、行业规章、团体章程等社会规范在社会治理中的积极作用。建立健全社会组织参与社会事务、维护公共利益、救助困难群众、帮教特殊人群、预防违法犯罪的机制和制度化渠道，发挥社会组织对其成员的行为导引、规则约束、权益维护作用。

3. 建设完备的法律服务体系

完善法律援助制度，扩大援助范围，健全司法救助体系，保证人民群众在遇到法律问题或者权利受到侵害时获得及时有效的法律帮助。

4. 健全依法维权和化解纠纷机制

强化法律在维护群众权益、化解社会矛盾中的权威地位，引导和支持人们理性表达诉求、依法维护权益。建立健全社会矛盾预警机制、利益表达机制、协商沟通机制、救济救助机制，畅通群众利益协调、权益保障法律渠道。把信访纳入法治化轨道，保障合理合法诉求依照法律规定和程序就能得到合理合法的结果。健全社会矛盾纠纷预防化解机制，完善调解、仲裁、行政裁决、行政复议、诉讼等有机衔接、相互协调的多元化纠纷解决机制。完善立体化社会治安防控体系，有效防范、化解、管控影响社会安定的问题，保障人民生命财产安全。依法严厉打击暴力恐怖、涉黑犯罪、邪教和黄赌毒等违法犯罪活动，绝不允许其形成气候。依法强化危害食品药品安全、影响生产安全、损害生态环境、破坏网络安全等重点问题治理。此外，十八届四中全会还就法治工作队伍建设、党对全面推进依法治国的领导等重大问题提出了加强和改进要求。

以案释法 02

让人民群众在司法案件中感受到公平正义

欠债还钱，天经地义，支付罚息，也理所应当。但是，银行却在本金、罚息之外，另收“滞纳金”，并且还是按复利计算，结果经常导致“滞纳金”远高于本金，成了实际上的“驴打滚”。中国银行某高新技术产业开发区支行起诉信用卡欠费人沙女士，请求人民法院判令沙女士归还信用卡欠款共计375079.3元（包含本金339659.66元及利息、滞纳金共计35419.64元）。银行按每日万分之五的利率计算的利息，以及每个月高达5%的滞纳金，这就相当于年利率高达78%。受理本案的人民法院认为，根据合同法、商业银行法，我国的贷款利率是受法律限制的，最高人民法院在关于民间借贷的司法解释中明确规定：最高年利率不得超过24%，否则就算“高利贷”，不受法律保护。但问题在于，最高法的司法解释针对的是“民间高利贷”，而原告是根据中国人民银行的《银行卡业务管理办法》收取滞纳金的，该如何审理？

释解

在我国社会主义法律体系中，宪法是国家的根本大法，处于最高位阶，一切法律、行政法规、司法解释、地方性法规和规章、自治条例和单行条例都不得与宪法规定精神相违背。依法治国首先必须依宪治国。十八届四中全会重申了宪法第五条关于“一切违反宪法和法律的行为，必须予以追究”的原则，强调要“努力让人民群众在每一个司法案件中感受到公平正义”。此案中，法官引述了宪法第三十三条第二款规定：“中华人民共和国公民在法律面前一律平等。”法官认为：“平等意味着对等待遇，除非存在差别对待的理由和依据。一方面，国家以贷款政策限制民间借款形成高利；另一方面，在信用卡借贷领域又形成超越民间借贷限制一倍或者几倍的利息。这显然极可能形成一种‘只准州官放火，不许百姓点灯’的外在不良观感。”法官从宪法“平等权”等多个层面，提出应对法律作系统性解释，认为“商业银行错误地将相关职能部门的规定作为自身高利、高息的依据，这有违合同法及商业银行法的规定”，从而最终驳回了银行有关滞纳金的诉讼请求，仅在本金339659.66元、年利率24% 的限度内予以支持。

第二节　建设中国特色社会主义法治体系

十八届四中全会提出：“全面推进依法治国，总目标是建设中国特色社会主义法治体系，建设社会主义法治国家。”这是我们党的历史上第一次提出建设中国特色社会主义法治体系的新目标。从“法律体系”到“法治体系”是一个质的飞跃，是一个从静态到动态的过程，是一个从平面到立体的过程。

一、中国特色社会主义法治体系的主要内容

中国特色社会主义法治体系包括完备的法律规范体系、高效的法治实施体系、严密的法治监督体系、有力的法治保障体系、完备的党内法规体系五个子系统。

（一）完备的法律规范体系

建设中国特色社会主义法治体系，全面推进依法治国，需要充分的规范供给为全社会依法办事提供基本遵循。一方面，要加快完善法律、行政法规、地方性法规体系；另一方面，也要完善包括市民公约、乡规民约、行业规章、团体章程在内的社会规范体系。恪守原有单一的法律渊源已无法满足法治实践的需求，有必要适当扩大法律渊源，甚至可以有限制地将司法判例、交易习惯、法

律原则、国际惯例作为裁判根据，以弥补法律供给的不足，同时还应当建立对法律扩大或限缩解释的规则，通过法律适用过程填补法律的积极或消极的漏洞。为了保证法律规范的质量和提升立法科学化的水平，应当进一步改善立法机关组成人员的结构，提高立法程序正当化水平，构建立法成本效益评估前置制度，建立辩论机制，优化协商制度，提升立法技术，规范立法形式，确定法律规范的实质与形式标准，设立法律规范的事前或事后的审查过滤机制，构建实施效果评估机制，完善法律修改、废止和解释制度，等等。尤其要着力提高立法过程的实质民主化水平，要畅通民意表达机制以及民意与立法的对接机制，设定立法机关组成人员联系选民的义务，规范立法机关成员与“院外”利益集团的关系，完善立法听取意见（包括听证等多种形式）、整合吸纳意见等制度，建立权力机关内部的制约协调机制，建立立法成员和立法机关接受选民和公众监督的制度，等等。

（二）高效的法治实施体系

法治实施是一个系统工程。首先，要认真研究如何使法律规范本身具有可实施性，不具有实施可能性的法律规范无疑会加大实施成本，甚至即使执法司法人员费尽心机也难以实现。因此，要特别注意法律规范的可操作性、实施资源的配套性、法律规范本身的可接受性以及法律规范自我实现的动力与能力。其次，要研究法律实施所必需的体制以及法律设施，国家必须为法律实施提供强有力的体制、设施与物质保障。再次，要认真研究法律实施所需要的执法和司法人员的素质与能力，要为法律实施所需要的素质和能力的培训与养成提供必要的条件和机制。又次，要研究法律实施的环境因素，并为法律实施创造必要的执法和司法环境。最后，要研究如何克服法律实施的阻碍和阻力，有针对性地进行程序设计、制度预防和机制阻隔，针对我国现阶段的国情，有必要把排除“人情”“关系”“金钱”“权力”对法律实施的干扰作为重点整治内容。

（三）严密的法治监督体系

对公共权力的监督和制约，是任何法治形态的基本要义；公共权力具有二重性，唯有法律能使其扬长避短和趋利避害；破坏法治的最大危险在一般情况下都来自公共权力；只有约束好公共权力，国民的权利和自由才可能安全实现。有效监督和制约公共权力，要在以下几个方面狠下功夫：要科学配置权力，使决策权、执行权、监督权相互制约又相互协调；要规范权力的运行，为权力的运行设定明确的范围、条件、程序和界限；要防止权力的滥用，为权力的行使设定正当目的及合理基准与要求；要严格对权力的监督，有效规范党内、人大、民主、行政、司法、审计、社会、舆论诸项监督，并充分发挥各种监督的独特作用，使违法或不正当行使权力的行为得以及时有效纠正；要健全权益恢复机制，使受公共权力侵害的私益得到及时赔偿或补偿。

（四）有力的法治保障体系

依法治国是一项十分庞大和复杂的综合性系统工程。要在较短时间内实现十八届四中全会提出的全面推进依法治国的战略目标，任务艰巨而繁重，如果缺少配套的保证体系作为支撑，恐难以持久。普遍建立法律顾问制度。完善规范性文件、重大决策合法性审查机制。建立科学的法治建设指标体系和考核标准。健全法规、规章、规范性文件备案审查制度。健全社会普法教育机制，增强全民法治观念。逐步增加有地方立法权的较大的市的数量。深化行政执法体制改革。完善行政执法程序，规范执法自由裁量权，加强对行政执法的监督，全面落实行政执法责任制和执法经费由财政保障制度，做到严格规范公正文明执法。完善行政执法与刑事司法衔接机制。确保依法独立公正行使审判权、检察权。改革司法管理体制，推动省以下地方人民法院、人民检察院人财物统一管理，探索建立与行政区划适当分离的司法管辖制度，保证国家法律统一正确实施。建立符合职业特点的司法人员管理制度，健全法官、检察官、人民警察统一招录、有序交流、逐级遴选机制，完善司法人员分类管理制度，健全法官、检察官、人民警察职业保障制度。健全司法权力运行机制。优化司法职权配置，健全司法权力分工负责、互相配合、互相制约机制，加强和规范对司法活动的法律监督和社会监督。健全国家司法救助制度，完善法律援助制度。完善律师执业权利保障机制和违法违规执业惩戒制度，加强职业道德建设，发挥律师在依法维护公民和法人合法权益方面的重要作用。

（五）完备的党内法规体系

党内法规既是管党治党的重要依据，也是中国特色社会主义法治体系的重要组成部分。由于缺少整体规划，缺乏顶层设计，党内法规存在“碎片化”现象。要在对现有党内法规进行全面清理的基础上，抓紧制定和修订一批重要党内法规，加大党内法规备案审查和解释力度，完善党内法规制定体制机制，形成配套完备的党内法规制度体系，使党内生活更加规范化、程序化，使党内民主制度体系更加完善，使权力运行受到更加有效的制约和监督，使党执政的制度基础更加巩固，为到建党100周年时全面建成内容科学、程序严密、配套完备、运行有效的党内法规制度体系打下坚实基础。

二、以高度自信建设中国特色社会主义法治体系

（一）依法治国、依法执政、依法行政共同推进

依法治国是党领导人民治国理政的基本方式，要依照宪法和法律规定，通过各种途径和形式实现人民群众在党的领导下管理国家事务，管理经济文化事业，

管理社会事务，保证国家各项工作都依法进行，逐步实现社会主义民主的制度化、法律化。依法执政是依法治国的关键，要坚持党领导人民制定法律、实施法律并在宪法法律范围内活动的原则，健全党领导依法治国的制度和工作机制，促进党的政策和国家法律互联互动。依法行政是依法治国的重点，要创新执法体制，完善执法程序，推进综合执法，严格执法责任，建立权责统一、权威高效的依法行政体制，加快建设职能科学、权责法定、执法严明、公开公正、廉洁高效、守法诚信的法治政府，切实做到合法行政、合理行政、高效便民、权责统一、政务公开。

（二）法治国家、法治政府、法治社会一体建设

法治国家、法治政府和法治社会是全面推进依法治国的“一体双翼”。法治国家是长远目标和根本目标，建设法治国家的核心要求是实现国家生活的全面法治化；法治政府是重点任务和攻坚内容，建设法治政府的核心要求是规范和制约公共权力；法治社会是组成部分和薄弱环节，建设法治社会的核心是推进多层次多领域依法治理，实现全体国民自己守法、护法。法治国家、法治政府、法治社会一体建设，要求三者相互补充、相互促进、相辅相成。

（三）科学立法、严格执法、公正司法、全民守法相辅相成

十八大以来，党中央审时度势，提出了“科学立法、严格执法、公正司法、全民守法”的十六字方针，确立了新时期法治中国建设的基本内容。科学立法要求完善立法规划，突出立法重点，坚持立改废释并举，提高立法科学化、民主化水平，提高法律的针对性、及时性、系统性、有效性，完善立法工作机制和程序，扩大公众有序参与，充分听取各方面意见，使法律准确反映经济社会发展要求，更好协调利益关系，发挥立法的引领和推动作用。严格执法，要求加强宪法和法律实施，维护社会主义法制的统一、尊严、权威，形成人们不愿违法、不能违法、不敢违法的法治环境，做到有法必依、执法必严、违法必究。公正司法，要求要努力让人民群众在每一个司法案件中都感受到公平正义，所有司法机关都要紧紧围绕这个目标来改进工作，重点解决影响司法公正和制约司法能力的深层次问题。全民守法，要求任何组织或者个人都必须在宪法和法律范围内活动，任何公民、社会组织和国家机关都要以宪法和法律为行为准则，依照宪法和法律行使权利或权力、履行义务或职责。

（四）与推进国家治理体系和治理能力现代化同脉共振

全面推进依法治国既是实现国家治理现代化目标的基本要求，又是推进国家治理现代化的重要组成部分。法律的强制性、普遍性、稳定性、公开性、协调性等价值属性满足了国家治理对权威性和有效性的要求。法治在治理现代化过程中具有极为重要的意义。民主、科学、文明、法治是国家治理现代化的基本要求，

民主、科学、文明都离不开法治的保障。治理现代化需要通过法治手段进一步具体地对应到治理体系的各个领域和每个方面，需要进一步量化为具体的指标体系，包括国权配置定型化、公权行使制度化、权益保护实效化、治理行为规范化、社会关系规则化、治理方式文明化六个方面。在实现治理法治化的过程中，治理主体需要高度重视法治本身的现代化问题，高度重视法律规范的可实施性，高度重视对全社会法治信仰的塑造，高度重视治理事务对法治的坚守，高度重视司法公信力的培养。

第三节　提高运用法治思维和法治方式的能力

法治思维是指将党中央关于法治中国建设的基本要求，将国家宪法和法律的相关规定运用于判断、思考和决策，法治方式就是运用法治思维处理和解决问题的行为方式。法治思维与法治方式两者之间属于法治要求内化于心、外化于行的辩证统一关系。简言之，用法律观念来判断问题，用法律方式来处理矛盾和纠纷，这就是法治思维和法治方式。正如习近平同志指出的那样，“各级领导干部要提高运用法治思维和法治方式深化改革、推动发展、化解矛盾、维护稳定能力，努力推动形成办事依法、遇事找法、解决问题用法、化解矛盾靠法的良好法治环境，在法治轨道上推动各项工作”。

一、法治思维和法治方式的基本属性

法治思维和法治方式作为治理能力范畴中的一种新要求，它要求党员干部要带头尊法、学法、守法、用法，自觉地在法律授权范围内活动，切实维护国家法制的统一、尊严和权威，依法保障人民享有广泛的民主权利和自由；法治思维和法治方式作为治理能力范畴中的一种新理念，它要求党员干部要带头破除重管理轻服务、重治民轻治官、重权力轻职责等积弊，带头荡除以言代法、以权压法、违法行政等沉疴。中国特色社会主义法治特质决定了法治思维和法治方式集中具有以下几个方面的属性要求：职权法定、权力制约、保障人权、程序正当。

（一）职权法定

职权法定是指行政机关及其公职人员的行政权力，来自法律的明确授权，而非自行设定。因此，行政机关及其公职人员要做到依法行政，首先必须严守法律明确授予的行政职权，必须在法律规定的职权范围内活动。非经法律授权，不得作出行政管理行为；超出法律授权范围，不享有对有关事务的管理权，否则都属于行政违法。正如党的十八届四中全会强调的那样，“行政机关不得法外设定权力，

没有法律法规依据不得作出减损公民、法人和其他组织合法权益或者增加其义务的决定”。坚持职权法定，首先在思想上要牢固树立宪法和法律的权威。宪法是国家的根本法，是治国安邦的总章程，任何法律和规范性文件都不得与宪法相抵触。依据宪法而制定的法律是全社会一体遵循的行动准则，任何人都不享有超越法律的特权。要注意培养依法办事的良好工作作风，切实做到办事依法、遇事找法、解决问题用法、化解矛盾靠法，在法治轨道上推动各项工作。有关部门要切实按照中央的要求，把法治建设成效作为衡量各级领导班子和领导干部工作实绩的重要内容，纳入政绩考核指标体系。把能不能遵守法律、依法办事作为考察干部的重要内容，在相同条件下，优先提拔使用法治素养好、依法办事能力强的干部。对特权思想严重、法治观念淡薄的干部要批评教育，不改正的要调离领导岗位。

（二）权力制约

权力制约是中国特色社会主义法治理念中的一项基本原则，这一原则贯穿于宪法始终，体现在各部法律之内。我国现行宪法对国家权力的设定充分体现了权力的分工与制约原则。首先，宪法明确规定国家的一切权力属于人民。其次，宪法在人民代表和国家机关及其工作人员的关系上，规定人民代表由人民选举产生，对人民负责，接受人民监督。人民有权对国家机关及其工作人员提出批评、建议、控告、检举等。再次，宪法规定国家行政机关、审判机关、检察机关都由人大产生，对它负责，受它监督。此外，我国宪法为充分保证执法机关正确执法，还明确规定了行政机关和司法机关在本系统内实行监督和制约。权力制约是法治国家的基本特征。改革开放以来，党和国家高度重视对权力的监督制约，党的十七大报告明确提出，要完善制约和监督机制，保证人民赋予的权力始终用来为人民谋利益；确保权力正确行使，必须让权力在阳光下运行；要坚持用制度管权、管事、管人，建立健全决策权、执行权、监督权既相互制约又相互协调的权力结构和运行机制。习近平总书记在首都各界纪念现行宪法公布施行30周年大会上的讲话中强调“我们要健全权力运行制约和监督体系，有权必有责，用权受监督，失职要问责，违法要追究，保证人民赋予的权力始终用来为人民谋利益”。

（三）保障人权

我们党长期注重尊重和保障人权。早在新民主主义革命时期，中国共产党就在所领导的红色革命根据地内颁布了《中华苏维埃共和国宪法大纲》《陕甘宁边区施政纲领》《陕甘宁边区宪法原则》等宪法性文件，明确规定保障人民权利的内容。抗战时期，为广泛调动一切抗日力量，各根据地人民政府普遍颁布和实施了保障人权的法令。新中国成立后的第一部宪法，就将公民的人身、经济、政治、社会、文化等方面的权利用根本大法的形式固定下来。20世纪80年代末，我们党就明确提出，社会主义中国要把人权旗帜掌握在自己手中。1991年11月1日，国务院新闻办公室向世界公布了新中国第一份《中国的人权状况》的白皮书，以政府文件的形式正面肯定了人权在中国政治发展中的地位。1997年9月，党的十五大明确提出："共产党执政就是领导和支持人民掌握管理国家的权力，实行民主选举、民主决策、民主管理和民主监督，保证人民依法享有广泛的权利和自由，尊重和保障人权。"此后，尊重和保障人权成为中国共产党执政的基本目标和政治体制改革与民主法制建设的一个重要内容。2004年3月，十届全国人大二次会议通过宪法修正案，首次将"人权"概念载入宪法，明确规定"国家尊重和保障人权"。至此，尊重和保障人权上升为国家的一项宪法原则，成为行政执法活动中一条不应逾越的底线。

（四）程序正当

程序正当是社会主义法治对行政活动提出的一项基本要求。具体地说，程序正当是指行政机关行使行政权力、实施行政管理时，除涉及国家秘密和依法受到保护的商业秘密、个人隐私的外，都应当公开，注意听取公民、法人和其他组织的意见；要严格遵循法定程序，依法保障行政管理相对人、利害关系人的知情权、参与权和救济权。履行职责的行政机关工作人员与行政管理相对人存在利害关系时，应当回避。

实践中，以保密为由拒绝向相对人提供依法应当提供的相关信息；作出行政决定没有听取相对人的意见和申辩；履行行政职责的行政机关工作人员缺乏回避意识等情况屡见不鲜。这种重实体、轻程序的现象历史上长期存在，行政机关与相对人之间更多地表现为一种命令与服从的关系。改革开放以来，尤其是在全面推进依法治国的进程中，程序正当逐步被提到了应有的位置。程序正当在许多单行法中有着明确的规定。如行政处罚法第四十二条就明确规定，行政机关作出责令停产停业、吊销许可证或者执照、较大数额罚款等行政处罚决定之前，应当告知当事人有要求举行听证的权利；当事人要求听证的，行政机关应当组织听证。党的十八届三中全会更是明确要求："完善行政执法程序，规范执法自由裁量权，加强对行政执法的监督，全面落实行政执法责任制和执法经费由财政保障制度，做到严格规范公正文明执法。"强调程序正义，不仅在于它是法治文明进步的重要成果，而且在于程序正义的维护和实现有助于增强法律实施的可接受性。

以案释法 03

化解矛盾终究须靠法

2005年6月11日凌晨4时30分，为驱赶因征地补偿纠纷而在工地驻守阻止施工的河北省定州市某村部分村民，260余名社会闲散人员携带猎枪、棍棒、铁管、弩等工具，肆意使用暴力进场驱赶、伤害村民，造成6人死亡，15人重伤，多人轻伤、轻微伤的特别严重后果。最终，该案的组织策划者、骨干分子等主要案犯全部被抓获，共有248名犯罪嫌疑人到案。已批捕31人，刑拘131人。该案中定州市原市委书记和某等6人被判处无期徒刑，剥夺政治权利终身；其他被告人分别被判处15年至6年有期徒刑。

释解

定州“6·11”案件是因河北省有史以来投资最大的项目——国华定州发电有限公司征地而引发。国华定州发电有限公司是国家“十五”时期重点项目，该项目能够落户定州，是经过六届市委、市政府的艰苦努力，历时13年才争取到的。如此一个争取多年才得到的项目，之所以最终引发了特别严重的后果，固然由很多方面的原因所造成，但其中最为直接的一个原因在于，原市委书记和某面临着久拖不决的征地事件，没有“办事依法、遇事找法、解决问题用法、化解矛盾靠法”，而是轻信了“小兄弟”的承诺，适当给村民们一点教训，结果一批社会闲杂人员凌晨闯入现场，场面顿时失控。此时，尽管和某在现场曾带着哭腔劝说不能伤及村民身体要害部位，但也无力回天。事情的最终结局还是回到法律的层面上来解决，但却付出了极其沉痛的代价。

二、培养法治思维和法治方式的基本途径

全面推进依法治国是国家治理领域的一场深刻革命，培养法治思维和法治方式是一项长期的系统工程。实践表明，任何一种思维方式和行为方式的养成，往往都要经历一个深入学习、深刻领会、坚定信念、反复践行、形成习惯，最后升华到品格的过程。法治思维和法治方式的培养，既是个理论问题又是个实践问题，因此更不会例外。

（一）在深入学习中提高认识

通过长期的不懈努力，一个立足中国国情和实际、适应改革开放和社会主义现代化建设需要、集中体现党和人民意志的，以宪法为统帅，以宪法相关法、民法、

商法等多个法律部门的法律为主干，由法律、行政法规、地方性法规与自治条例、单行条例等多层次法律规范构成的中国特色社会主义法律体系已经形成。这个法律体系是法治思维和法治方式的基础内容和基本遵循。因此，培养法治思维和法治方式，必须要结合实际，深入学习宪法和法律的相关规定，切实做到严格依法行使职权、履行职责。

（二）在依法履职中严守底线

党的十八届四中全会明确提出了法治建设的“五项原则”，即坚持中国共产党的领导、坚持人民主体地位、坚持法律面前人人平等、坚持依法治国和以德治国相结合、坚持从中国实际出发，从而为党员干部树立正确的法治理念指明了根本方向，提供了基本遵循。全会还明确要求“行政机关要坚持法定职责必作为，法无授权不可为”。坚持依法履行职责、法无授权不可为是依法行政的底线。行政机关的岗位职责来自法律授权，必须要牢固树立岗位权力清单意识，在想问题、作决策和办事情中，必须严格遵循法律规则和法定程序，切实做到依法尽职、依法行权。

（三）在依法决策中化解风险

在依法治国不断深入、法律制度不断完备、法律责任日渐明晰的当今，行政机关不依法决策往往成为行政权力运行中的一大风险，成为行政机关承担法律责任、坐上被告席的一大原因。为此，党的十八届四中全会明确提出要健全依法决策机制。各级行政机关及公职人员必须强化责任意识和风险意识，严格遵守重大行政决策法定程序，采取公众参与、专家论证、风险评估、合法性审查、集体讨论决定等法定的程序和办法，确保决策内容合法、程序合法，切实有效防范因决策违法而承担的相应法律责任。

（四）在文明执法中培养品格

依法行政是文明执法的基础和保障，行政公开是文明执法的重要标志。党的十八届三中全会明确要求，“推行地方各级政府及其工作部门权力清单制度，依法公开权力运行流程。完善党务、政务和各领域办事公开制度，推进决策公开、管理公开、服务公开、结果公开”。行政机关及公职人员唯有依据相关法规制度，细化执法操作流程，明确执法权限、坚守法律底线，切实按照法定的许可、收费、检查、征收、处罚和强制等法定权限和程序要求，严格规范和监督执法行为，才能在维护人民群众切身利益的过程中，树立起人民公仆的良好形象，才能有效培养良好的法治思维和法治行为的工作作风与品格。

（五）在接受监督中展示形象

公正执法、带头守法是依法行政的生命力所在。2002年11月召开的党的十六大就明确提出了“加强对执法活动的监督，推进依法行政”。2014年召开的党的十八届四中全会更是明确要求，“必须以规范和约束公权力为重点，加大监督力度，做到有权必有责、用权受监督、违法必追究，坚决纠正有法不依、执法不严、违法不究行为”。强化行政执法监督成为推进依法行政和建设法治政府的一项重要抓手。行政机关及其公职人员在行政执法过程中，要依法自觉接受人大机关的法律监督、上级部门的组织监督、人民政协的民主监督、社会公众的群众监督、相关媒体的舆论监督，通过多种形式了解群众心声，彰显行政执法的公平公正属性，展示依法行政、法治政府的良好形象。

以案释法 04

权力不能越出制度的笼子

某市发展和改革委员会于2010年7月对10家企业作出废弃食用油脂定点回收加工单位备案，其中包括该市某化工厂和某废油脂回收处理中心。2012年11月，该市某区人民政府发出通知，明确指定该市某再生资源开发有限公司实施全区餐厨废弃物收运处理。该区城市管理局和区商务局于2014年3月发出公函，要求落实文件规定，各生猪屠宰场点必须和某再生资源开发有限公司签订清运协议，否则将进行行政处罚。某新能源有限公司对规定不服，诉至法院，请求撤销该文对某再生资源开发有限公司的指定，并赔偿损失。该市中级人民法院一审认为，被告某区政府在文件中的指定，实际上肯定了某再生资源开发有限公司在该区开展餐厨废弃物业务的资格，构成实质上的行政许可。区城市管理局和区商务局作出的公函已经表明被告的指定行为事实上已经实施。根据行政许可法相关规定，行政机关受理、审查、作出行政许可应当履行相应的行政程序，被告在作出指定前，未履行任何行政程序，故被诉行政行为程序违法。被告采取直接指定的方式，未通过招标等公平竞争的方式，排除了其他可能的市场参与者，构成通过行政权力限制市场竞争，违反了该省餐厨废弃物管理办法第十九条和反垄断法第三十二条的规定。被告为了加强餐厨废弃物处理市场监管的需要，对该市场的正常运行作出必要的规范和限制，但不应在行政公文中采取明确指定某一公司的方式。原告某新能源有限公司对其赔偿请求未提交证据证实，法院对此不予支持。遂判决撤销被告在文件中对某再生资源开发有限公司指定的行政行为，驳回原告的其他诉讼请求。一审宣判后，双方当事人均未上诉。

释解

我国法院每年办理的10余万件一审行政案件中，与经济管理和经济领域行政执法密切相关的案件占到30%以上，涉及的领域和类型也越来越丰富。本案是涉及行政垄断的典型案件。行政垄断指行政机关滥用行政权力，违法提高市场准入门槛、违法指定特定企业从事特定业务、违法设置条件限制其他企业参与竞争等行为。它侵犯了市场主体的公平竞争权，对经济活动的正常运行、商品的自由流通乃至政府的内外形象都会造成较大破坏和不利影响，我国反垄断法和反不正当竞争法对此明令禁止。本案中，该区政府在行政公文中直接指定某再生资源开发有限公司，未通过招标等公平竞争方式，排除了其他可能的市场参与者，构成通过行政权力限制市场竞争的违法情形。新修改的行政诉讼法将“滥用行政权力侵犯公平竞争权”明确纳入受案范围，就是为突出行政审判对市场正常竞争秩序的有力维护。随着法治的不断进步，公民、法人等各类市场主体在运用行政诉讼法律武器依法维权、监督和规制行政垄断方面，将发挥越来越大的作用。

第四节　“谁执法谁普法”的普法责任制

2015年是全面推进依法治国的开局之年，如何让法治理念、法治思维、法治精神、法治信仰入脑入心，成为全民共识，是深入开展普法教育的关键。中共中央、国务院转发了《中央宣传部、司法部关于在公民中开展法治宣传教育的第七个五年规划（2016—2020年）》提出，实行国家机关“谁执法谁普法”的普法责任制。“谁执法谁普法”，即以法律所调整的社会关系的种类和所涉及的部门、行业为主体，充分发挥行业优势和主导作用，在抓好部门、行业内部法治宣传教育的同时，负责面向重点普法对象，面向社会宣传本部门、本行业所涉及和执行的法律法规。实行“谁执法谁普法”工作原则，是贯彻落实“七五”普法规划的重要举措，有利于充分发挥执法部门、行业职能的优势和主导作用，扩大普法依法治理工作覆盖面，增强法治宣传教育的针对性、专业性，促进执法与普法工作的有机结合，进一步加大普法工作力度，真正形成部门、行业分工负责、各司其职、齐抓共管的大普法工作格局。

一、“谁执法谁普法”是法治国家的新要求

实行国家机关“谁执法谁普法”的普法责任制，建立法官、检察官、行政执

法人员、律师等以案释法制度，加强普法讲师团、普法志愿者队伍建设。执法和司法人员普法具有天然的优势。严格执法、公正司法是法治信仰最好的支撑，也是最好的普法实践。将普法与立法、司法、执法关联在一起具有重要的现实意义。法的执行力既需要靠执法机关执法办案，也要靠全民守法来实现。法的贯彻执行需要靠大家守法，守法的前提是普法，让百姓知道法律。“谁执法谁普法”体现了法治中国的新要求，凸显了执法主体对普法的重要责任。执法机关对其执法对象、执法内容、执法当中存在的问题最了解，他们开展普法也更具针对性、及时性、有效性。国家机关的工作涉及人民群众学习、生活、工作的方方面面，由执法者在为群众办事过程中进行普法教育，更具有亲历性和普及性，更利于人民群众接受。如交警部门宣传交通法规，税务部门宣传税法，劳动保障部门宣传劳动保障的相关法律法规。

二、“谁执法谁普法”指导思想

以党的十八大和十八届三中、四中全会精神及习近平总书记系列重要讲话精神为指导，坚持围绕中心、服务大局，坚持创新形式、注重实效，坚持贴近基层、服务群众，以建立健全法治宣传教育机制为抓手，以开展“学习宪法、尊法守法”等主题活动为载体，通过深入开展法治宣传教育，充分发挥法治宣传教育在法治建设中的基础性作用，进一步形成分工负责、各司其职、齐抓共管的普法工作格局，通过实行“谁执法谁普法”教育活动，普及现有法律法规，提升执法人员的法治观念和行政执法水平，增强相关法治主体的法律意识，营造全社会关注、关心法治的浓厚氛围，推动形成自觉守法用法的社会环境，为经济建设营造良好的法治环境。

三、“谁执法谁普法”工作原则

（一）坚持执法办案与普法宣传相结合的原则

使普法宣传教育渗透执法办案全过程，利用以案释法、以案普法、以案学法等方式普及法律常识，通过文明执法促进深度普法，通过广泛普法促进文明执法。在各行业监管中，以行政执法、公众参与、以案释法为导向，形成行政执法人员以案释法工作长效机制，实行长态化普法。在执法工作中，要加大对案件当事人的法律宣传教育，只有在当事人中积极进行法律知识和典型案例的宣传，才能起到事半功倍的宣传效果，才能让广大群众更为有效地学习法律知识，才能从实际案件中学法、懂法、用法，有效维护自身权利。

（二）坚持日常宣传与集中宣传相结合的原则

各机关单位根据担负职能和工作特点，在广泛开展法治宣传的同时，以各自业务领域为主要方向，结合“宪法法律宣传月”和“3・15”“12・4”法治宣传日等特殊时段和节点。面向执法对象、服务对象和社会公众开展广泛的群众性法治宣传活动。开展各类重点突出、针对性强的集中法治宣传活动，切实增强工作的实效性。

（三）坚持上下联动和属地管理相结合的原则

强化上级部门对下级部门、主管部门对下属单位的指导，坚持市、县、乡三级联动普法。落实普法工作属地管理责任，强化地方党委政府对部门普法工作的监督考核，努力形成党委领导、人大监督、政府实施、政协支持、各部门协作配合、全社会共同参与的法治宣传教育新格局。

四、“谁执法谁普法”的主要任务

（一）切实落实普法工作责任制

“谁执法谁普法”工作责任主体要结合自身实际，将普法工作纳入全局工作统筹安排，制订切实可行的年度普法工作计划。健全完善普法领导机制，明确领导职责，加强普法办公室的建设，保证普法工作所需人员和经费。

（二）着力强化法律法规宣传教育

1. 认真开展面向社会的普法活动

结合“12·4”国家宪法日、“4·7”世界卫生日、“7·11”世界人口日等各种主题活动，通过集中宣传咨询、印发资料、LED 屏滚动播出等方式，以及网站、微信、微博、广播、电视、报刊等传播平台，围绕行业普法工作重点以及群众关心的热点问题和行业执法工作的重点，开展面向大众的法治宣传教育活动。

2. 扎实做好系统内人员的法治教育

以社会主义法治理念、宪法和国家基本法律法规、依法行政以及反腐倡廉、预防职务犯罪等法律知识为重点，把法治教育与政治理论教育、理想信念教育、职业道德教育、党的优良传统和作风教育结合起来，通过集中办班、举办讲座、召开研讨交流会、组织或参加法律知识考试、自学等方式，加大系统内工作人员法治学习力度，不断增强领导干部和工作人员的法治理念、法律素养和依法行政、依法管理的能力。

（三）大力推进普法执法有机融合

寓普法于执法之中，把普法与执法紧密结合起来，使执法过程成为最生动的普法实践，大力促进普法与执法的有机融合。让法治宣传渗透执法办案的各环节、全过程，利用以案释法、现身说法等形式向社会大众传播法律、宣传法律，通过深化普法，预防违法行为，减少执法阻力，巩固执法成果。

（四）全面建立以案释法制度体系

1. 建立典型案例评选制度

以案释法是利用身边或实际生活中发生的案例诠释法律的过程，要精心筛选具有重大典型教育意义、社会关注度高、与群众关系密切的“身边的案例”“成熟的案例”“针对性强的案例”，作为释法重点。定期开展行政执法案卷质量评查活动，评选出具有行业特点且与社会大众生活健康息息相关的典型案例。

2. 建立典型案例传播制度

通过在部门网站设立以案释法专栏、免费发放典型案例宣传册等方式，以案释法、以案讲法，让公众进一步了解事实认定、法律适用的过程，了解案件审理、办结的情况。加强与新闻媒体的联系协调，推动落实新闻媒体的公益普法责任，充分发挥新闻媒体的法治传播作用。探索与媒体合作举办以案释法类节目，邀请媒体参与执法，积极引导社会法治风尚，增强法治宣传的传播力和影响力。

3. 建立以案释法公开告知制度

在执法过程中，即时告知执法的法律依据，让行政相对人充分了解有关法律规定，知晓自身行为的违法性、应受到的处罚以及维权救济途径。有针对性地分行业定期举办执法相对人法律法规知识培训，通过强化岗前培训、岗位复训、分层培训，切实提高从业人员自身素质和法治意识。与社区合作，通过举办法治讲座、法律讲堂和开展送法进社区等形式，深入浅出地宣传法律及执法情况，释疑解惑，为各类普法对象宣讲典型案例，以身边人说身边事，用身边事教育身边人，推动法治宣传教育贴近基层、贴近百姓、贴近生活。

五、“谁执法谁普法”的工作要求

（一）高度重视，提高认识

充分认识法治宣传教育对全面推进法治建设的重要意义，实行国家机关“谁执法谁普法”的普法责任制是党的十八届四中全会提出的推动全社会树立法治意识的重要举措，也是推动“七五”普法决议落实、全面完成“七五”普法规划的工作要求。要充分认识开展这项工作的重要性和艰巨性，坚持把全民普法和守法作为依法治国的长期基础性工作，常抓不懈，把落实普法责任作为一项基本的职能工作。

（二）加强领导，明确责任

“谁执法谁普法”是一项涉及面广、工作要求高的系统工程，各单位和部门应按照中央的要求，切实加强对“谁执法谁普法”工作的组织领导，具体抓好落实。要明确工作目标、细化工作方案、创新工作举措、落实工作责任，确保“谁执法谁普法”工作落到实处，见到实效。

（三）创新模式，增强实效

充分发挥主导作用和职能优势，全面结合职责范围、行业特点、普法对象的实际情况和依法治理需要及社会热点，及时跟进相关法律法规的重点宣传。发挥广播、电视、报刊、网络和移动通讯等大众媒体的重要作用，用群众喜闻乐见、寓教于乐的形式突出以案释法、以案普法等，通过多种形式创新开展有特色、有影响、有实效的法治宣传。

（四）强化考核，落实责任

将“谁执法谁普法”工作落实情况纳入依法治理的目标绩效考核，同时对普法宣传工作进行督查，对采取措施不得力、工作不到位、目标未完成的单位予以督促并统一纳入年终考核评价体系，对工作突出的先进集体和先进个人予以表扬。

第二章
宪 法

导 读

宪法是国家的根本大法。它规定了社会各阶级在国家中的地位，是新时期党和国家的中心工作、基本原则、重大方针、重要政策在国家法制上的最高体现，是国家的根本法和治国安邦的总章程。

我国现行宪法符合国情、符合实际、符合时代发展要求，充分体现了人民共同意志、充分保障了人民民主权利、充分维护了人民根本利益，是推动国家发展进步、保障人民生活幸福、保障中华民族实现伟大复兴的根本制度。

宪法具有最高的法律效力，任何组织和个人都必须尊重宪法法律权威，都必须在宪法法律范围内活动，都必须依照宪法法律行使权力或权利、履行职责或义务，都不得有超越宪法法律的特权。

第一节 概述

一、宪法是国家的根本大法

宪法是规定国家根本制度和根本任务，规定国家机关的组织与活动的基本原则，确认和保障公民基本权利，集中表现各种政治力量对比关系的国家根本法。

宪法的根本性表现在以下四个方面：

第一，在内容上，宪法规定国家的根本制度、政权组织形式、国家结构形式、公民基本权利和基本义务、宪法实施的保障等内容，反映一个国家政治、经济、文化和社会生活的基本方面。

第二，在效力上，宪法在整个法律体系中处于最高的地位，具有最高效力。它是其他法律的立法依据，其他的一般法律都不得抵触宪法。

第三，在规范性上，宪法是各政党、一切国家机关、武装力量、社会团体和全体公民的最根本的行为准则。

第四，在修改程序上，宪法的制定和修改程序比其他一般法律的程序更为严格。

二、我国宪法的地位

中华人民共和国成立后，国家先后颁行了四部宪法。我国的现行宪法是在1982年通过的，至今已经进行了四次修改。

宪法以法律的形式确认了我国各族人民奋斗的成果，规定了国家的根本制度、根本任务和国家生活中最重要的原则，具有最大的权威性和最高的法律效力。全国各族人民、一切国家机关和武装力量、各政党和各社会团体、各企业事业组织，都必须以宪法为根本的活动准则，并负有维护宪法尊严、保证宪法实施的职责。作为根本法的宪法，是中国特色社会主义法律体系的重要组成部分，也是法律体系最核心和最重要的内容。

三、宪法的指导思想

宪法指导思想的明确，经历了一个逐步发展完善的过程。

第一阶段：四项基本原则。

1982年现行宪法制定，确立宪法的指导思想是四项基本原则，即坚持社会主义道路，坚持人民民主专政，坚持中国共产党的领导，坚持马克思列宁主义、毛泽东思想。

第二阶段：建设有中国特色社会主义的理论和党的基本路线。

1993年第二次修宪，以党的十四大精神为指导，突出了建设有中国特色社会主义的理论和党的基本路线。

第三阶段：增加邓小平理论。

1999年第三次修宪，将邓小平理论写入宪法，确立邓小平理论在国家中的指导思想地位。

第四阶段：增加“三个代表”重要思想。

2004年第四次修宪，将“三个代表”重要思想载入宪法，确立其在国家中的指导思想地位。

四、宪法基本原则

（一）人民主权原则

宪法第二条第一款规定：“中华人民共和国的一切权力属于人民。”“一切权力属于人民”是无产阶级在创建无产阶级政权过程中，在批判性地继承资产阶级民主思想的基础上，对人民主权原则的创造性运用和发展。

（二）基本人权原则

我国宪法第二章“公民的基本权利和义务”专章规定和列举了公民的基本权利，体现了对公民的宪法保护。2004年的宪法修正案把“国家尊重和保障人权”写入宪法，将中国的宪政发展向前推进了一大步。

（三）法治原则

宪法第五条第一款规定了“中华人民共和国实行依法治国，建设社会主义法治国家”，在宪法上正式确立了法治原则。宪法还规定，一切国家机关和武装力量、各政党和各社会团体、各企业事业组织都必须遵守宪法和法律；一切违反宪法和法律的行为，必须予以追究；任何组织和个人都不得有超越宪法和法律的特权。

（四）民主集中制原则

宪法第三条第一款规定：“中华人民共和国的国家机构实行民主集中制的原则。”这既是我国国家机构的组织和活动原则，也是我国宪法的基本原则。

五、宪法确定的国家根本任务

宪法确定的国家的根本任务是：沿着中国特色社会主义道路，集中力量进行社会主义现代化建设。中国各族人民将继续在中国共产党领导下，在马克思列宁主义、毛泽东思想、邓小平理论和“三个代表”重要思想指引下，坚持人民民主专政，坚持社会主义道路，坚持改革开放，不断完善社会主义的各项制度，发展社会主义市场经济，发展社会主义民主，健全社会主义法制，自力更生，艰苦奋斗，逐步实现工业、农业、国防和科学技术的现代化，推动物质文明、政治文明和精神文明协调发展，把我国建设成为富强、民主、文明的社会主义国家。

以案释法 05

一切违反宪法和法律的行为都必须予以追究

2014年8月12日凌晨，公安分局民警在处理一起纠纷案件时，发现人大代表张某涉嫌酒后驾车。随后，前来处理的松江交警支队民警对其进行酒精呼气测试，结果为136mg/100mL。另经司法鉴定中心检验和鉴定，张某的血液中乙醇浓度为1.25mg/mL，达到了醉酒状态。经过侦查，张某涉嫌危险驾驶，公安分局决定对张某采取刑事强制措施。由于张某有县人大代表的身份，8月14日，公安分局向该县人大常委会发去关于提请批准对涉嫌危险驾驶罪的县人大代表张某采取刑事拘留强制措施的函。10月24日，县十六届人大常委会二十五次会议听取和审议了关于提请许可对县第十六届人大代表张某采取刑事拘留强制措施并暂停其执行代表职务的议案，并依法进行表决。常委会组成人员21名，实到会17名，表决结果：赞成8票，反对1票，弃权8票。因票数未过常委会组成人员的半数，该议案未获通过。11月27日，警方再次提出对张某采取刑事拘留强制措施的申请，该县人大常委会会议审议通过了再次提请的议案，许可公安分局对张某采取刑事拘留强制措施，并从当日起暂时停止其执行代表职务。

释解

宪法第五条第四款规定："一切国家机关和武装力量、各政党和各社会团体、各企业事业组织都必须遵守宪法和法律。一切违反宪法和法律的行为，必须予以追究。"在我国，任何组织或者个人都不得有超越宪法和法律的特权。从人大代表履职需要出发，我国相关法律赋予人大代表以特别的人身保障权，但法律保护的是人大代表的合法权益而不是违法行为。人大代表身份不能成为违法犯罪行为的"护身符"，本案的侦办体现了"一切违反宪法和法律的行为，必须予以追究"的宪法规定在司法实践中得到严格执行。

第二节　我国的基本政治经济制度

一、我国的基本政治制度

（一）人民民主专政

宪法所称的国家性质又称国体，是指国家的阶级本质，反映社会各阶级在国家中的地位，体现该国社会制度的根本属性。

我国宪法第一条第一款规定"中华人民共和国是工人阶级领导的、以工农联盟为基础的人民民主专政的社会主义国家"，即人民民主专政是我国的国体。这一国体需要从以下方面理解：

第一，工人阶级的领导是人民民主专政的根本标志。工人阶级的领导地位是由工人阶级的特点、优点和担负的伟大历史使命所决定的。工人阶级对国家的领导是通过自己的先锋队——中国共产党来实现的。

第二，人民民主专政包括对人民实行民主和对敌人实行专政两个方面。在人民内部实行民主是实现对敌人专政的前提和基础，而对敌人实行专政又是人民民主的有力保障，两者是辩证统一的关系。人民民主专政实质上就是无产阶级专政。

第三，共产党领导下的多党合作与爱国统一战线是中国人民民主专政的主要特色。爱国统一战线是指由中国共产党领导的，由各民主党派参加的，包括社会主义劳动者、社会主义事业的建设者、拥护社会主义的爱国者和拥护祖国统一的爱国者组成的广泛的政治联盟。目前我国爱国统一战线的任务是为社会主义现代化建设服务，为实现祖国统一大业服务，为维护世界和平服务。

（二）人民代表大会制度

人民代表大会制度是中国人民民主专政的政权组织形式（政体），是中国的根本政治制度。

1. 人民代表大会制度的主要内容

国家的一切权力属于人民。人民行使国家权力的机关是全国人大和地方各级人大。各级人大都由民主选举产生，对人民负责，受人民监督。人大及其常委会集体行使国家权力，集体决定问题，严格按照民主集中制的原则办事。国家行政机关、审判机关、检察机关都由人大产生，对它负责，向它报告工作，受它监督。全国人大是最高国家权力机关，地方各级人大是地方国家权力机关。全国人大和地方各级人大各自按照法律规定的职权，分别审议决定全国的和地方的大政方针。全国人大对地方人大不是领导关系，而是法律监督关系、选举指导关系和工作联系关系。

2. 人民代表大会制度的优越性

人民代表大会制度是适合我国国情的根本政治制度，它直接体现我国人民民主专政的国家性质，是建立我国其他国家管理制度的基础。它有利于保证国家权力体现人民的意志；它有利于保证中央和地方国家权力的统一；它有利于保证我国各民族的平等和团结。

总之，我国人民代表大会制度能够确保国家权力掌握在人民手中，符合人民当家作主的宗旨，适合我国的国情。

（三）中国共产党领导的多党合作和政治协商制度

中国共产党领导的多党合作和政治协商制度是中华人民共和国的一项基本的政治制度，是具有中国特色的政党制度。这种政党制度是由中国人民民主专政的国家性质决定的。

1. 多党合作制度的基本内容

中国共产党是执政党，各民主党派是参政党，中国共产党和各民主党派是亲密战友。中国共产党是执政党，其执政的实质是代表工人阶级及广大人民掌握人民民主专政的国家政权。各民主党派是参政党，具有法律规定的参政权。其参政的基本点是：参加国家政权，参与国家大政方针和国家领导人人选的协商，参与国家事务的管理，参与国家方针、政策、法律、法规的制定和执行。中国共产党和各民主党派合作的首要前提和根本保证是坚持中国共产党的领导和坚持四项基本原则。中国共产党与各民主党派合作的基本方针是“长期共存，互相监督，肝胆相照，荣辱与共”。中国共产党和各民主党派以宪法和法律为根本活动准则。

2. 多党合作的重要机构

中国人民政治协商会议，简称“人民政协”或“政协”，是中国共产党领导的多党合作和政治协商的重要机构，也是中国人民爱国统一战线组织。中国人民政治协商会议是在中国共产党领导下，由中国共产党、各个民主党派、无党派民主人士、人民团体、各少数民族和各界的代表，台湾同胞、港澳同胞和归国侨胞的代表，以及特别邀请的人士组成，具有广泛的社会基础。

人民政协的性质决定了它与国家机关的职能是不同的。人民政协围绕团结和民主两大主题履行政治协商、民主监督和参政议政的职能。

（四）民族区域自治制度

民族区域自治制度，是指在国家统一领导下，各少数民族聚居的地方实行区域自治，设立自治机关，行使自治权的制度。

1. 自治机关

民族自治地方按行政地位，分为自治区、自治州、自治县。自治区相当于省级行政单位，自治州是介于自治区与自治县之间的民族自治地方，自治县相当于县级行政单位。民族自治地方的自治机关是自治区、自治州、自治县的人大和人民政府。民族自治地方的自治机关实行人民代表大会制度。

2. 自治权

民族自治地方的自治权有以下几个方面：

（1）民族立法权。民族自治地方的人大有权依照当地的政治、经济和文化的特点，制定自治条例和单行条例。

（2）变通执行权。上级国家机关的决议、决定、命令和指标，如果不适合民族自治地方实际情况，自治机关可以报经上级国家机关批准，变通执行或者停止执行。

（3）财政经济自主权。凡是依照国家规定属于民族自治地方的财政收入，都应当由民族自治地方的自治机关自主安排使用。

（4）文化、语言文字自主权。民族自治地方的自治机关在执行公务的时候，依照本民族自治地方自治条例的规定，使用当地通用的一种或者几种语言文字。

（5）组织公安部队权。民族自治地方的自治机关依照国家的军事制度和当地的实际需要，经国务院批准，可以组织本地方维护社会治安的公安部队。

（6）少数民族干部具有任用优先权。

（五）基层群众自治制度

基层群众自治制度是指人民依法组成基层自治组织，行使民主权利，管理基层公共事务和公益事业，实行自我管理、自我服务、自我教育、自我监督的一项制度。

中国的基层群众自治制度，是在新中国成立后的民主实践中逐步形成的。党的十七大将“基层群众自治制度”首次写入党代会报告，正式与人民代表大会制度、中国共产党领导的多党合作和政治协商制度、民族区域自治制度一起，纳入了中国特色政治制度范畴。

我国的基层群众自治组织主要是居民委员会和村民委员会。

二、我国的基本经济制度

（一）所有制度

1. 我国的所有制结构概述

我国的所有制结构是公有制为主体、多种所有制经济共同发展。这是我国社会主义初级阶段的一项基本经济制度，它的确立是由我国的社会主义性质和初级阶段的国情决定的。我国是社会主义国家，必须坚持把公有制作为社会主义经济制度的基础。我国处在社会主义初级阶段，需要在公有制为主体的条件下发展多种所有制经济。一切符合“三个有利于”的所有制形式都可以而且应该用来为社会主义服务。我国社会主义建设正反两方面的经验都表明必须坚持以公有制为主体、多种所有制经济共同发展。

2. 公有制

（1）公有制的内容。公有制是生产资料归劳动者共同所有的所有经济结构形式，包括全民所有制和集体所有制。全民所有制经济即国有经济，是国民经济的主导力量。国家保障国有经济的巩固和发展。集体所有制经济是国民经济的基础力量。国家保护城乡集体经济组织的合法权利和利益，鼓励、指导和帮助集体经济的发展。

（2）公有制的地位。公有制是我国所有制结构的主体，它的主体地位体现在：第一，就全国而言，公有资产在社会总资产中占优势；第二，国有经济控制国民经济的命脉，对经济发展起主导作用。国有经济的主导作用主要体现在控制力上，即体现在控制国民经济发展方向，控制经济运行的整体态势，控制重要稀缺资源的能力上。在关系国民经济的重要行业和关键领域，国有经济必须占支配地位。

（3）公有制的作用。生产资料公有制是社会主义经济的根本特征，是社会主义经济制度的基础，是国家引导、推动经济和社会发展的基本力量，是实现最广大人民群众根本利益和共同富裕的重要保证。坚持公有制为主体，国有经济控制国民经济命脉，对发挥社会主义制度的优越性，增强我国的经济实力、国防实力和民族凝聚力，提高我国国际地位，具有关键性作用。

3. 非公有制

非公有制经济是我国现阶段除了公有制经济形式以外的所有经济结构形式，主要包括个体经济、私营经济、外资经济等。

（1）个体经济，是由劳动者个人或家庭占有生产资料，从事个体劳动和经营的所有制形式。它是以劳动者自己劳动为基础，劳动成果直接归劳动者所有和支配。

（2）私营经济，是以生产资料私有和雇佣劳动为基础，以取得利润为目的的所有制形式。

（3）外资经济，是我国发展对外经济关系，吸引外资建立起来的所有制形式。它包括中外合资经营企业、中外合作经营企业中的境外资本部分，以及外商独资企业。

非公有制经济是我国社会主义市场经济的重要组成部分，国家保护个体经济、私营经济等非公有制经济的合法权利和利益，鼓励、支持和引导非公有制经济的发展，并对非公有制经济依法实行监督和管理。

（二）分配制度

我国现行的分配制度是以按劳分配为主体、多种分配方式并存的分配制度。这种分配制度是由我国社会主义初级阶段的生产资料所有制结构、生产力的发展水平，以及人们劳动差别的存在决定的，同时也是发展社会主义市场经济的客观要求。

按劳分配的主体地位表现在：（1）全社会范围的收入分配中，按劳分配占最大比重，起主要作用；（2）公有制经济范围内劳动者总收入中，按劳分配收入是最主要的收入来源。除了按劳分配以外，其他分配方式主要还包括按经营成果分配；按劳动、资本、技术、土地等其他生产要素分配。

第三节　公民的基本权利和义务

一、公民的基本权利

公民的基本权利是由一国的宪法规定的公民享有的，主要的、必不可少的权利，故有些国家又把公民的基本权利称为宪法权。

（一）平等权

宪法第三十三条第二款规定："中华人民共和国公民在法律面前一律平等。"这既是我国社会主义法治的一项重要原则，也是我国公民的一项基本权利。其含义有以下几点：第一，我国公民不分民族、种族、性别、职业、家庭出身、宗教信仰、教育程度、财产状况、居住期限，一律平等地享有宪法和法律规定的权利并平等地承担相应的义务；第二，国家机关对公民平等权利进行保护，对公民履行义务平等进行约束；第三，所有公民在适用法律上一律平等，不允许任何组织和个人有超越宪法和法律之上的特权；第四，法律面前一律平等还包括民族平等和男女平等。

（二）政治权利和自由

1. 选举权与被选举权

宪法第三十四条规定："中华人民共和国年满十八周岁的公民，不分民族、种族、性别、职业、家庭出身、宗教信仰、教育程度、财产状况、居住期限，都有选举权和被选举权；但是依照法律被剥夺政治权利的人除外。"选举权与被选举权包含以下内容：公民有权按照自己的意愿选举人民代表；公民有被选举为人民代表的权利；公民有依照法定程序罢免那些不称职的人民代表的权利。

选举权和被选举权是公民参加国家管理的一项最基本的政治权利，也是最能体现人民群众当家作主的一项权利。

2. 言论、出版、集会、结社、游行、示威的自由

宪法第三十五条规定："中华人民共和国公民有言论、出版、集会、结社、游行、示威的自由。"言论自由就是宪法规定公民通过口头或书面形式表达自己意见的自由。出版自由是公民以出版物形式表达其思想和见解的自由。集会自由是指公民享有宪法赋予的聚集在一定场所商讨问题或表达意愿的自由。结社自由是公民为一定宗旨，依照法定程序组织或参加具有连续性的社会团体的自由。游行自由是指公民采取列队行进的方式来表达意愿的自由。示威自由是指通过集会或游行、静坐等方式表达强烈意愿的自由。

我国宪法一方面保障公民享有集会、游行、示威等自由，另一方面也规定了公民应当遵守有关的法律规定。

（三）宗教信仰自由

宪法第三十六条第一款规定："中华人民共和国公民有宗教信仰自由。"尊重和保护宗教信仰自由，是我们党和国家长期的基本政策。

（四）人身自由

宪法第三十七条规定："中华人民共和国公民的人身自由不受侵犯。任何公民，非经人民检察院批准或者决定或者人民法院决定，并由公安机关执行，不受逮捕。禁止非法拘禁和以其他方法非法剥夺或者限制公民的人身自由，禁止非法搜查公民的身体。"

人身自由有广义、狭义之分。狭义的人身自由是指公民的身体自由不受侵犯。广义的人身自由还包括公民的人格尊严不受侵犯、公民的住宅不受侵犯、公民的通信自由和通信秘密受法律保护。

人身自由不受侵犯，是公民最起码、最基本的权利，是公民参加各种社会活动和享受其他权利的先决条件。

（五）监督权

监督权是指宪法赋予公民监督国家机关及其工作人员的活动的权利，包括：

批评权。公民有对国家机关和国家工作人员工作中的缺点和错误提出批评意见的权利。

建议权。公民有对国家机关和国家工作人员的工作提出合理化建议的权利。

控告权。公民对任何国家机关和国家工作人员的违法失职行为有向有关机关进行揭发和指控的权利。

检举权。公民对于违法失职的国家机关和国家工作人员，有向有关机关揭发事实，请求依法处理的权利。

申诉权。公民的合法权益因行政机关或司法机关作出的错误的、违法的决定或裁判，或者因国家工作人员的违法失职行为而受到侵害时，有向有关机关申诉理由、要求重新处理的权利。

（六）社会经济权利

劳动权。劳动权是指有劳动能力的公民有获得工作并取得相应报酬的权利。

休息权。休息权是为保护劳动者的身体健康和提高劳动效率而休息的权利。

退休人员生活保障权。退休人员生活保障权是指退休人员的生活受到国家和社会保障的权利。

获得物质帮助权。获得物质帮助权是指公民在年老、疾病或者丧失劳动能力的情况下，有从国家和社会获得物质帮助的权利。

（七）文化教育权利

公民有受教育的权利。公民享有从国家接受文化教育的机会和获得受教育的物质帮助的权利。

公民有进行科研、文艺创作和其他文化活动的自由。我国宪法规定，公民有进行科学研究、文学艺术创作和其他文化活动的自由。国家对于从事教育、科学、技术、文学、艺术和其他文化事业的公民的有益于人民的创造性工作，给以鼓励和帮助。

（八）对社会特定人的权利的保护

国家保护妇女的权利和利益。宪法第四十八条规定："中华人民共和国妇女在政治的、经济的、文化的、社会的和家庭的生活等各方面享有同男子平等的权利。国家保护妇女的权利和利益，实行男女同工同酬，培养和选拔妇女干部。"

婚姻、家庭、老人和儿童受国家的保护。宪法第四十九条规定，婚姻、家庭、母亲和儿童受国家的保护；禁止破坏婚姻自由，禁止虐待老人、妇女和儿童。

国家保护华侨、归侨和侨眷的权利和利益。宪法第五十条规定："中华人民共和国保护华侨的正当的权利和利益，保护归侨和侨眷的合法的权利和利益。"

二、公民的基本义务

宪法规定的公民基本义务包括：

第一，维护国家统一和各民族团结的义务。宪法第五十二条规定："中华人民共和国公民有维护国家统一和全国各民族团结的义务。"

第二，遵纪守法和尊重社会公德的义务。宪法第五十三条规定："中华人民共和国公民必须遵守宪法和法律，保守国家秘密，爱护公共财产，遵守劳动纪律，遵守公共秩序，尊重社会公德。"

第三，维护祖国的安全、荣誉和利益的义务。宪法第五十四条规定："中华人民共和国公民有维护祖国的安全、荣誉和利益的义务，不得有危害祖国的安全、荣誉和利益的行为。"

第四，保卫祖国，依法服兵役和参加民兵组织。宪法第五十五条规定："保卫祖国、抵抗侵略是中华人民共和国每一个公民的神圣职责。依照法律服兵役和参加民兵组织是中华人民共和国公民的光荣义务。"

第五，依法纳税的义务。宪法第五十六条规定："中华人民共和国公民有依照法律纳税的义务。"

第六，其他义务。宪法规定的公民基本义务还包括：劳动的义务、受教育的义务、夫妻双方有实行计划生育的义务、父母有抚养教育未成年子女的义务以及成年子女有赡养扶助父母的义务等。

第四节　国家机构的设置及功能

一、国家机构的概述

国家机构是国家为了实现其职能而建立起来的国家机关的总和。我国国家机构由权力机关、行政机关、军事机关、审判机关、检察机关组成。我国国家机构的组织和活动有五大原则：一是民主集中制原则；二是联系群众，为人民服务原则；三是社会主义法治原则；四是责任制原则；五是精简和效率原则。

二、权力机关

（一）全国人大及其常委会

1.全国人大

全国人大是全国最高的权力机关、立法机关，不只是在权力机关中的地位最高，而且在所有的国家机关中地位最高。全国人大由省、自治区、直辖市、特别行政区和军队选出的代表组成。各少数民族都应当有适当名额的代表。全国人大每届任期五年。

全国人大的主要职权：

立法权。修改宪法，制定和修改刑事、民事、国家机构的和其他的基本法律。

任免权。选举、决定和任免最高国家机关领导人和有关组成人员。

决定权。决定国家重大事务。

监督权。监督宪法和法律的实施，监督最高国家机关的工作。

2.全国人大常委会

全国人大常委会是全国人大的常设机关，是最高国家权力机关的组成部分，在全国人大闭会期间，行使最高国家权力。全国人大常委会对全国人大负责并报告工作。全国人大选举并有权罢免全国人大常委会的组成人员。全国人大常委会每届任期与全国人大每届任期相同，它行使职权到下届全国人大选出新的常委会为止。

（二）地方各级人大及人大常委会

地方各级人大是地方权力机关。省、自治区、直辖市、县、市、市辖区、乡、民族乡、镇设立人大。县级以上的地方各级人大设立常委会，作为本级人大的常设机关。县级以上地方各级人大及其常委会委员每届任期五年。

（三）民族自治地方各级人大及人大常委会

民族自治地方的权力机关是自治区、自治州、自治县的人民代表大会。

民族自治地方的人民代表大会有权依照当地民族的政治、经济和文化的特点，制定自治条例和单行条例。自治区的自治条例和单行条例，报全国人民代表大会常务委员会批准后生效。自治州、自治县的自治条例和单行条例，报省或者自治区的人民代表大会常务委员会批准后生效，并报全国人民代表大会常务委员会备案。

三、国家主席

国家主席是我国国家机构体系中的一个国家机关，和全国人大常委会结合起来行使国家职权，对外代表中华人民共和国。

国家主席、副主席，由全国人大选举产生，任期是五年，连续任期不得超过两届。

国家主席根据全国人民代表大会的决定和全国人民代表大会常务委员会的决定，公布法律，任免国务院总理、副总理、国务委员、各部部长、各委员会主任、审计长、秘书长，授予国家的勋章和荣誉称号，发布特赦令，宣布进入紧急状态，宣布战争状态，发布动员令。

国家主席代表中华人民共和国进行国事活动，接受外国使节；根据全国人民代表大会常务委员会的决定，派遣和召回驻外全权代表，批准和废除同外国缔结的条约和重要协定。

四、行政机关

（一）国务院

国务院即中央人民政府，是国家最高行政机关，是国家最高权力机关的执行机关，统一领导全国各级行政机关的工作。

国务院由总理、副总理、国务委员、各部部长、各委员会主任、审计长、秘书长组成，国务院组成人员的任期为五年，总理、副总理、国务委员的连续任期不得超过两届。

国务院向全国人大及其常委会负责并报告工作，总理领导国务院的工作，副总理、国务委员协助总理工作。

国务院行使以下职权：第一，根据宪法和法律，规定行政措施，制定行政法规，发布决定和命令；第二，向全国人民代表大会或者全国人民代表大会常务委员会提出议案；第三，规定各部和各委员会的任务和职责，统一领导各部和各委员会的工作，并且领导不属于各部和各委员会的全国性的行政工作；第四，统一领导全国地方各级国家行政机关的工作，规定中央和省、自治区、直辖市的国家行政机关的职权的具体划分；第五，编制和执行国民经济和社会发展计划和国家预算；第六，领导和管理经济工作和城乡建设；第七，领导和管理教育、科学、文化、卫生、体育和计划生育工作；第八，领导和管理民政、公安、司法行政和监察等工作；第九，管理对外事务，同外国缔结条约和协定；第十，领导和管理国防建设事业；第十一，领导和管理民族事务，保障少数民族的平等权利和民族自治地方的自治权利；第十二，保护华侨的正当的权利和利益，保护归侨和侨眷的合法的权利和利益；第十三，改变或者撤销各部、各委员会发布的不适当的命令、指示和规章；第十四，改变或者撤销地方各级国家行政机关的不适当的决定和命令；第十五，批准省、自治区、直辖市的区域划分，批准自治州、县、自治县、市的建置和区域划分；第十六，依照法律规定决定省、自治区、直辖市的范围内部分地区进入紧急状态；第十七，审定行政机构的编制，依照法律规定任免、培训、考核和奖惩行政人员；第十八，全国人民代表大会和全国人民代表大会常务委员会授予的其他职权。

（二）地方各级人民政府

地方各级人民政府是地方国家行政机关，也是地方各级人大的执行机关。地方各级人民政府对本级人大和上一级国家行政机关负责并报告工作。县级以上的地方各级人民政府在本级人大闭会期间，对本级人大常委会负责并报告工作。地方各级人民政府都受国务院统一领导，负责组织和管理本行政区域的各项行政事务。

（三）民族自治地方各级人民政府

民族自治地方的行政机关是自治区、自治州、自治县的人民政府。民族自治地方各级人民政府行使宪法规定的地方各级人民政府的职权，同时依照宪法、民族区域自治法和其他法律规定的权限行使自治权，根据本地方实际情况贯彻执行国家的法律、政策。

五、军事机关

中央军委是中国共产党领导下的最高军事领导机关，统率全国武装力量（解放军、武装警察部队、民兵、预备役）。

中央军委由主席、副主席、委员组成，实行主席负责制。主席由全国人大选举产生，副主席和委员根据主席的提名由大会决定，大会闭会期间由人大常委会决定。中央军委的委员每届任期五年，主席和副主席可以终身任职。

中央军委实行主席负责制，军委主席直接对全国人大及其常委会负责。

六、审判机关

人民法院是国家的审判机关，依法独立行使审判权，不受行政机关、团体和个人的非法干预。人民法院体系由最高人民法院、地方人民法院（高级人民法院、中级人民法院、基层人民法院）、专门人民法院（军事法院、海事法院、铁路运输法院）构成。

最高人民法院是国家最高的审判机关，地方人民法院是地方的审判机关，专门人民法院是专门审判机关。最高人民法院监督地方各级人民法院和专门人民法院的审判工作，上级人民法院监督下级人民法院的审判工作。

最高人民法院对全国人大和全国人大常委会负责。地方各级人民法院对产生它的国家权力机关负责。

最高人民法院由院长、副院长、庭长、副庭长、审判员等若干人组成。最高人民法院的院长由全国人大选举产生，任期五年，连任不得超过两届。

七、检察机关

人民检察院是国家的法律监督机关，依法独立行使检察权，不受行政机关、社会团体和个人的干涉。

人民检察院体系由最高人民检察院、地方人民检察院和专门人民检察院构成。

最高人民检察院是最高法律监督机关，领导地方各级人民检察院和专门人民检察院的工作，上级人民检察院领导下级人民检察院的工作。

最高人民检察院对全国人大及其常委会负责。地方各级人民检察院对产生它的国家权力机关和上级人民检察院负责。

全国人大选举产生最高人民检察院检察长；根据最高人民检察院检察长的提请，全国人大常委会任免最高人民检察院副检察长、检察员、检察委员会委员和军事检察院检察长，并且批准省、自治区、直辖市的人民检察院检察长的任免。

第五节　国家宪法日和宪法宣誓制度

一、国家宪法日

（一）国家宪法日的设立

党的十八届四中全会通过的《中共中央关于全面推进依法治国若干重大问题的决定》提出，将每年12月4日定为国家宪法日。2014年11月1日，十二届全国人大常委会十一次会议通过的《全国人民代表大会常务委员会关于设立国家宪法日的决定》，正式将12月4日设立为国家宪法日；决定在宪法日，国家通过多种形式开展宪法宣传教育活动。

（二）国家宪法日的设立目的及意义

宪法是国家的根本法，是治国安邦的总章程，具有最高的法律地位、法律权威和法律效力。全面贯彻实施宪法，是全面推进依法治国、建设社会主义法治国家的首要任务和基础性工作。全国各族人民、一切国家机关和武装力量、各政党和各社会团体、各企业事业组织，都必须以宪法为根本的活动准则，并且负有维护宪法尊严、保证宪法实施的职责。任何组织或者个人都不得有超越宪法和法律的特权，一切违反宪法和法律的行为都必须予以追究。国家宪法日设立的目的，是为了增强全社会的宪法意识，弘扬宪法精神，加强宪法实施，全面推进依法治国。设立国家宪法日，有助于树立宪法权威，维护宪法尊严；有助于普及宪法知识，扩大宪法实施的群众基础，加强宪法实施的良好氛围，弘扬中华民族的宪法文化。

二、宪法宣誓制度

（一）宪法宣誓制度的确立及意义

2015年7月1日，十二届全国人大常委会十五次会议通过了《全国人民代表大会常务委员会关于实行宪法宣誓制度的决定》，以国家立法形式确立了我国的宪法宣誓制度，该决定自2016年1月1日起施行。决定指出：宪法是国家的根本法，是治国安邦的总章程，具有最高的法律地位、法律权威和法律效力。国家工作人员必须树立宪法意识，恪守宪法原则，弘扬宪法精神，履行宪法使命。宪法宣誓制度的确立及实行，具有非常重要的意义。

实行宪法宣誓制度有利于树立宪法权威；有利于增强国家工作人员的宪法观念，激励和教育国家工作人员忠于宪法、遵守宪法、维护宪法。宪法宣誓仪式是庄严神圣的，宣誓人员通过感受宪法的神圣，铭记自己的权力来源于人民、来源于宪法，在履行职务时就可以严格按照宪法的授权行使职权，发现违反宪法的行为就能够坚决地捍卫宪法、维护宪法。实行宪法宣誓制度也有利于在全社会增强宪法意识。通过宪法宣誓活动，可以强化全体公民对宪法最高法律效力、最高法律权威、最高法律地位的认识，可以提高全体社会成员自觉遵守宪法，按照宪法规定行使权利和履行义务的能力。

（二）宪法宣誓制度的适用主体

根据《全国人民代表大会常务委员会关于实行宪法宣誓制度的决定》的规定，宪法宣誓制度的适用主体主要有：各级人大及县级以上各级人大常委会选举或者决定任命的国家工作人员，以及各级人民政府、人民法院、人民检察院任命的国家工作人员。

全国人大选举或者决定任命的国家主席、副主席，全国人大常委会委员长、副委员长、秘书长、委员，国务院总理、副总理、国务委员、各部部长、各委员会主任、中国人民银行行长、审计长、秘书长，中央军委主席、副主席、委员，最高人民法院院长，最高人民检察院检察长，以及全国人大专门委员会主任委员、副主任委员、委员等，在依照法定程序产生后，进行宪法宣誓。在全国人大闭会期间，全国人大常委会任命或者决定任命的全国人大专门委员会个别副主任委员、委员，国务院部长、委员会主任、中国人民银行行长、审计长、秘书长，中央军委副主席、委员，在依照法定程序产生后，进行宪法宣誓。全国人大常委会任命的全国人大常委会副秘书长，全国人大常委会工作委员会主任、副主任、委员，全国人大常委会代表资格审查委员会主任委员、副主任委员、委员等，在依照法定程序产生后，进行宪法宣誓。以上宣誓仪式由全国人大常委会委员长会议组织。

全国人大常委会任命或者决定任命的最高人民法院副院长、审判委员会委员、庭长、副庭长、审判员和军事法院院长，最高人民检察院副检察长、检察委员会委员、检察员和军事检察院检察长，国家驻外全权代表，在依照法定程序产生后，进行宪法宣誓。宣誓仪式由最高人民法院、最高人民检察院、外交部分别组织。

国务院及其各部门、最高人民法院、最高人民检察院任命的国家工作人员，在就职时进行宪法宣誓。宣誓仪式由任命机关组织。

地方各级人大及县级以上地方各级人大常委会选举或者决定任命的国家工作人员，以及地方各级人民政府、人民法院、人民检察院任命的国家工作人员，在依照法定程序产生后，进行宪法宣誓。宣誓的具体组织办法由省、自治区、直辖市人民代表大会常务委员会参照《全国人民代表大会常务委员会关于实行宪法宣誓制度的决定》制定，报全国人民代表大会常务委员会备案。

（三）宪法宣誓誓词内容

根据《全国人民代表大会常务委员会关于实行宪法宣誓制度的决定》的规定，宪法宣誓誓词为："我宣誓：忠于中华人民共和国宪法，维护宪法权威，履行法定职责，忠于祖国、忠于人民，恪尽职守、廉洁奉公，接受人民监督，为建设富强、民主、文明、和谐的社会主义国家努力奋斗！"

（四）宪法宣誓形式

根据决定的规定，宪法宣誓仪式根据情况，可以采取单独宣誓或者集体宣誓的形式。单独宣誓时，宣誓人应当左手抚按《中华人民共和国宪法》，右手举拳，诵读誓词。集体宣誓时，由一人领誓，领誓人左手抚按《中华人民共和国宪法》，右手举拳，领诵誓词；其他宣誓人整齐排列，右手举拳，跟诵誓词。宣誓场所应当庄重、严肃，悬挂中华人民共和国国旗或者国徽。负责组织宣誓仪式的机关，可以根据决定并结合实际情况，对宣誓的具体事项作出规定。

第三章

我国行政法律制度

导 读

依法行政是依法治国基本方略的重要组成部分，对建设法治中国具有重大意义。依法行政，是政府行政权运行的基本原则，它要求行政机关行使行政权力必须要有法律授权，强调有权有责，用权受监督，损害须赔偿，违法须纠正。

行政法是关于行政权授予、行政权的行使，以及对行政权的授予、行使进行监督的法律规范的总和。主要包括三方面的内容。一是行政组织法，即关于行政权的授予和组织行政机关的法律。由行政组织法、行政编制法和公务员法等法律组成。二是行政行为法，即关于行政权行使的法律，由行政许可、行政处罚、行政收费、行政强制、行政征收、行政裁决等法律组成。这部分的行政法律制度具有普遍适用性，与各级政府及各个部门都有关。此外，还有按行政管理事项划分的涉及行政权行使的法律，称为部门行政法，如公安、环保、税务等。三是行政监督法，即对行政机关的组织、行政权的行使进行监督的法律。由行政监察法、审计法、行政复议法、行政诉讼法、行政赔偿法等组成。

第一节　我国依法行政的发展历程

1978年党的十一届三中全会的召开，为我国的民主法制建设指明了前进的方向，奠定了坚实的思想基础，为发扬社会主义民主、健全社会主义法制提供了强有力的政治保障。1979年，包括国家机构、刑事、民事在内的一批规范国家政治、经济、文化和社会生活的法律相继出台，为在国家和社会事务管理方面实现有法可依、有法必依、执法必严、违法必究打下了基础。

1982年，现行宪法颁布，对国家机构及其相互关系和职责权限、公民的权利义务等，作出了许多新的重要规定。该部宪法第五条明确规定："国家维护社会主义法制的统一和尊严。一切法律、行政法规和地方性法规都不得同宪法相抵触。一切国家机关和武装力量、各政党和各社会团体、各企业事业组织都必须遵守宪法和法律。一切违反宪法和法律的行为，必须予以追究。任何组织或者个人都不得有超越宪法和法律的特权。"这是依法行政的重要宪法依据。在此期间，国务院组织法和地方组织法的出台，也从制度建设上进一步推动了依法行政的进程。

1984年全国人大六届三次会议上，彭真同志明确提出，国家管理要从依靠政策办事逐步过渡到不仅仅依靠政策还要建立、健全法制，依法办事。随着经济体制改革的不断深入，民主法制观念的逐步加强，1989年4月行政诉讼法颁布。这是我国行政立法指导思想和价值取向的一次重大转变，标志着我国从注重行政权力的确立与维护，开始转向对行政权力的监督与制约，对公民权利的具体确认与保护。这是通过实践"民"告"官"的诉讼程序来促进行政机关依法行政的一项重大举措。

1992年党的十四大正式确立了社会主义市场经济体制，加快依法行政步伐，已成为时代和社会发展的客观要求。1993年八届全国人大一次会议通过的《政府工作报告》明确提出："各级政府都要依法行政，严格依法办事。一切公务人员都要带头学法、懂法，做执法守法的模范。"这是我国第一次以政府文件的形式正式明确提出依法行政的原则。1997年9月，党的十五大正式确立了依法治国、建设社会主义法治国家的基本方略，依法行政的进程从此开始全面提速。

2002年11月召开的党的十六大，把发展社会主义民主政治，建设社会主义政治文明，作为全面建设小康社会的重要目标之一，明确提出加强对执法活动的监督，推进依法行政。2007年10月召开的党的十七大，从全面落实依法治国基本方略，加快建设社会主义法治国家的高度，就推行依法行政、加快行政管理体制改革，建设服务型政府，完善制约机制，健全组织法制和程序规则，保证国家机关按照法定权限和程序行使权力、履行职责等提出具体要求。

在此期间，国家公务员暂行条例（1993）、国家赔偿法（1994）、行政处罚法（1996）、行政监察法（1997）、行政复议法（1999）、立法法（2000）、政府采购法（2002）、行政许可法（2003）、公务员法（2005）、行政强制法（2011）等陆续出台，依法行政的体制机制不断健全、依法行政的法律制度日渐完备。

与此同时，1999年11月国务院发布了《关于全面推进依法行政的决定》，对依法行政提出了具体要求。2004年3月国务院颁发了《全面推进依法行政实施纲要》，对全国依法行政的现状进行了深刻总结，对进一步深入推进依法行政提出了全面要求，并第一次明确提出经过十年左右坚持不懈的努力，基本实现建设法治政府的工作目标。

鉴于依法行政的重点难点在市县两级，2008年5月国务院进一步作出了《关于加强市县政府依法行政的决定》，就扎实推进市县政府依法行政提出工作要求。2012年11月，党的十八大明确要求，推进依法行政，要切实做到严格规范公正文明执法。2013年11月，党的十八届三中全会进一步明确提出，建设法治中国，必须坚持依法治国、依法执政、依法行政共同推进，坚持法治国家、法治政府、法治社会一体建设。依法行政被纳入法治中国建设进程中统一部署、整体推进。2014年11月，党的十八届四中全会就深入推进依法行政，加快建设法治政府作出总体部署，要求各级政府必须坚持在党的领导下、在法治轨道上开展工作，加快建设职能科学、权责法定、执法严明、公开公正、廉洁高效、守法诚信的法治政府。

第二节　行政组织法

行政组织法是规范行政机关的职能、组织、编制的法律制度。我国宪法明确规定，中华人民共和国的一切权力属于人民。人民行使国家权力的机关是全国人大和地方各级人大。国家的行政机关是权力机关的执行机关。因此从根本上讲，行政机关行使的行政权力是权力机关通过法律授予的。正因为如此，行政机关必须遵循职权法定原则，不能法外行权。行政组织法就是规范有关行政组织的性质、地位、职权、职能等方面的法律总称。

行政组织是行政权力的载体，行政组织法通过对行政机关的机构设置、编制与职数、活动方式，以及行政机关的设立、变更和撤销程序等的规定，进而对行政权力行使进行制约，以避免主观随意性。在这方面，我国的国务院组织法和地方组织法，对规范国务院和地方政府的机构设置与职权行使，起到了重要作用。

一、国务院组织法

1982年制定的国务院组织法，是根据宪法中有关国务院的规定内容，对国务院的组成、组织原则、职权行使、会议制度、部委设置等均作出了明确规定。

根据国务院组织法的规定，国务院由总理、副总理、国务委员、各部部长、各委员会主任、审计长、秘书长组成；国务院实行总理负责制，总理领导国务院的工作，副总理、国务委员协助总理工作；国务院行使宪法第八十九条规定的职权；国务院会议分为国务院全体会议和国务院常务会议。国务院全体会议由国务院全体成员组成。国务院常务会议由总理、副总理、国务委员、秘书长组成。国务院工作中的重大问题，必须经国务院常务会议或者国务院全体会议讨论决定；国务院秘书长在总理领导下，负责处理国务院的日常工作；国务院各部、各委员会的设立、撤销或者合并，经总理提出，由全国人大决定；在全国人大闭会期间，由全国人大常委会决定；国务院各部、各委员会实行部长、主任负责制。各部部长、各委员会主任领导本部门的工作，召集和主持部务会议或者委员会会议、委务会议，签署上报国务院的重要请示、报告和下达的命令、指示。各部、各委员会工作中的方针、政策、计划和重大行政措施，应向国务院请示报告，由国务院决定。根据法律和国务院的决定，主管部、委员会可以在本部门的权限内发布命令、指示和规章。

二、地方组织法

《中华人民共和国地方各级人民代表大会和地方各级人民政府组织法》于1979年通过，并于2015年作了最新修正。它具体规定了地方各级人民政府的性质、组成、任期、职权、组织原则、会议制度、机构设置等，为规范和制约地方各级政府的行政权力的行使提供了基本的法律依据。

根据地方组织法的规定，地方各级人民政府是地方各级人大的执行机关，是地方各级国家行政机关，对本级人大和上一级国家行政机关负责并报告工作。地方各级人民政府都是国务院统一领导下的国家行政机关，都服从国务院。省、自治区、直辖市、自治州、设区的市的人民政府分别由省长、副省长，自治区主席、副主席，市长、副市长，州长、副州长和秘书长、厅长、局长、委员会主任等组成。县、自治县、不设区的市、市辖区的人民政府分别由县长、副县长，市长、副市长，区长、副区长和局长、科长等组成。乡、民族乡的人民政府设乡长、副乡长。民族乡的乡长由建立民族乡的少数民族公民担任。镇人民政府设镇长、副镇长。地方各级人民政府每届任期五年。

此外，这部法律还具体规定了地方各级人民政府的职权、组织原则、会议制度、内设机构、管理体制等。

尽管我国法律对行政部门的设置、行政权力的行使有着相应的法律规范和制约，但多年来的实践同时也证明，行政机关职权不清、相互交叉冲突，政府职能转变不能适应市场经济的需要，机构臃肿，人浮于事等问题始终存在并难以解决。由于已有的行政组织法还不能完全起到应有的规范和制约作用，以致有时还不得不辅之以相应的机构改革。正因为如此，1997年党的十五大就曾明确提出，深化行政体制改革，实现国家机构组织、职能、编制、工作程序的法定化。2013年党的十八届三中全会进一步明确提出，转变政府职能必须深化机构改革。优化政府机构设置、职能配置、工作流程，完善决策权、执行权、监督权既相互制约又相互协调的行政运行机制。为此，切实按照党中央的要求，进一步完善行政组织法成为当前完善行政法律制度面临的一项重要任务。

三、公务员法

这部法律制定于2005年，具体规定了公务员的入职条件、权利义务、职务级别，录用考核、职务任免、职务升降、奖励惩戒与培训、交流与回避、工资福利保险、辞职辞退与退休、申诉控告、职位聘任及法律责任。这部法律的制定和实施，为规范公职人员的组织管理和职务履行提供了基本的法律遵循。

根据该法的规定，公务员职务分为领导职务和非领导职务。领导职务层次分为：国家级正职、国家级副职、省部级正职、省部级副职、厅局级正职、厅局级副职、县处级正职、县处级副职、乡科级正职、乡科级副职。非领导职务层次在厅局级以下设置。综合管理类的非领导职务分为：巡视员、副巡视员、调研员、副调研员、主任科员、副主任科员、科员、办事员。各机关依照确定的职能、规格、编制限额、职数以及结构比例，设置本机关公务员的具体职位，并确定各职位的工作职责和任职资格条件以及考核、奖惩、专门纪律要求、回避、辞职、辞退、退休、申诉控告等内容。

第三节　行政行为法

行政行为一般是指行政机关依法行使权力，管理公共事务，直接或间接产生法律后果的行为。各行政机关共同性的行政行为，可分为行政立法行为和行政执法行为。其中，行政立法行为主要是指国务院制定行政法规、国务院各部委制定部委规章，各省、自治区、直辖市政府，省会市和经国务院批准的较大市政府和设区的市制定地方规章的行为。行政执法行为，又称具体行政行为，是指行政机关行使行政权力，对特定的公民、法人和其他组织作出的有关其权利义务的单方行为。具体行政行为的表现形式包括：行政命令、行政征收、行政许可、行政确认、行政监督检查、行政处罚、行政强制、行政给付、行政奖励、行政裁决、行政赔偿等。随着推进依法治国、建设法治政府的需要，我国陆续出台了一系列行政行为法，适用频率高的有行政许可法、行政处罚法和行政强制法。

一、行政许可法

行政许可是指行政机关根据公民、法人或者其他组织的申请，经依法审查，准予其从事特定活动的行为。2003年颁布实施的行政许可法，对行政许可的实施机关、行政许可的实施程序、申请与受理、审查与决定、期限、听证、变更与延续，以及行政许可的费用和监督检查等作出了具体规定。实践证明，这部法律的颁布实施，对规范行政许可的设定和实施，保护公民、法人和其他组织的合法权益，维护公共利益和社会秩序，保障和监督行政机关有效实施行政管理，提供了重要的法律保障。这部法律具体规定的内容主要包括：

（一）行政许可的设定范围

设定行政许可的应当属于直接涉及国家安全、公共安全、经济宏观调控、生态环境保护以及直接关系人身健康、生命财产安全等特定活动，需要按照法定条件予以批准的事项；有限自然资源开发利用、公共资源配置以及直接关系公共利益的特定行业的市场准入等，需要赋予特定权利的事项；提供公众服务并且直接关系公共利益的职业、行业，需要确定具备特殊信誉、特殊条件或者特殊技能等资格、资质的事项；直接关系公共安全、人身健康、生命财产安全的重要设备、设施、产品、物品，需要按照技术标准、技术规范，通过检验、检测、检疫等方式进行审定的事项；企业或者其他组织的设立等，需要确定主体资格的事项；法律、行政法规规定可以设定行政许可的其他事项。但上述事项如果属于公民、法人或者其他组织能够自主决定的；市场竞争机制能够有效调节的；行业组织或者中介机构能够自律管理的；行政机关采用事后监督等其他行政管理方式能够解决的，便可以不设行政许可。该法同时还明确规定，法规、规章对实施上位法设定的行政许可作出的具体规定，不得增设行政许可；对行政许可条件作出的具体规定，不得增设违反上位法的其他条件。

（二）行政许可的实施机关

行政许可的实施机关主要包括有权行政机关、具有管理公共事务职能的组织和受委托的其他行政机关。该法明确规定，行政许可由具有行政许可权的行政机关在其法定职权范围内实施。法律、法规授权的具有管理公共事务职能的组织，在法定授权范围内，以自己的名义实施行政许可。被授权的组织适用行政许可法有关行政机关的规定。行政机关在其法定职权范围内，依照法律、法规、规章的规定，可以委托其他行政机关实施行政许可。委托机关应当将受委托行政机关和受委托实施行政许可的内容予以公告。委托行政机关对受委托行政机关实施行政许可的行为应当负责监督，并对该行为的后果承担法律责任。

（三）行政许可的实施程序

公民、法人或者其他组织从事特定活动，依法需要取得行政许可的，应当向行政机关提出申请。申请人申请行政许可，应当如实向行政机关提交有关材料和反映真实情况，并对其申请材料实质内容的真实性负责。申请人提交的申请材料齐全、符合法定形式，行政机关能够当场作出决定的，应当当场作出书面的行政许可决定。根据法定条件和程序，需要对申请材料的实质内容进行核实的，行政机关应当指派两名以上工作人员进行核查。

（四）行政许可的期限

除可以当场作出行政许可决定的外，行政机关应当自受理行政许可申请之日起二十日内作出行政许可决定。二十日内不能作出决定的，经本行政机关负责人批准，可以延长十日，并应当将延长期限的理由告知申请人。

（五）法律责任

行政机关违法实施行政许可，给当事人的合法权益造成损害的，应当依照国家赔偿法的规定给予赔偿。被许可人存在涂改、倒卖、出租、出借行政许可证件，或者以其他形式非法转让行政许可的；超越行政许可范围进行活动的；向负责监督检查的行政机关隐瞒有关情况、提供虚假材料或者拒绝提供反映其活动情况的真实材料的；法律、法规、规章规定的其他违法行为的，行政机关应当依法给予行政处罚。构成犯罪的，依法追究刑事责任。

二、行政处罚法

行政处罚是行政机关对违反行政管理秩序的公民、法人和其他组织依法予以制裁的法律制度。我国1996年颁布实施的行政处罚法对行政处罚的种类和设定、实施机关、管辖和适用，以及行政处罚的程序、执行及法律责任进行了明确规定，为规范行政处罚的设定和实施，保障和监督行政机关有效实施行政管理，维护公共利益和社会秩序，保护公民、法人或者其他组织合法权益提供了基本的法律依据。这部法律具体规定的内容主要包括：

（一）行政处罚的种类

我国的行政处罚包括：警告；罚款；没收违法所得、没收非法财物；责令停产停业；暂扣或者吊销许可证、暂扣或者吊销执照；行政拘留；法律、行政法规规定的其他行政处罚等。

（二）行政处罚的实施机关

行政处罚由具有行政处罚权的行政机关在法定职权范围内实施。国务院或者经国务院授权的省、自治区、直辖市人民政府可以决定一个行政机关行使有关行政机关的行政处罚权，但限制人身自由的行政处罚权只能由公安机关行使。

（三）行政处罚的管辖

行政处罚由违法行为发生地的县级以上地方人民政府具有行政处罚权的行政机关管辖；对管辖发生争议的，报请共同的上一级行政机关指定管辖；违法行为构成犯罪的，行政机关必须将案件移送司法机关，依法追究刑事责任。

（四）行政处罚的适用

行政机关实施行政处罚时，应当责令当事人改正或者限期改正违法行为。对当事人的同一个违法行为，不得给予两次以上罚款的行政处罚；不满十四周岁的人有违法行为的，不予行政处罚，责令监护人加以管教；已满十四周岁不满十八周岁的人有违法行为的，从轻或者减轻行政处罚；精神病人在不能辨认或者不能控制自己行为时有违法行为的，不予行政处罚，但应当责令其监护人严加看管和治疗。间歇性精神病人在精神正常时有违法行为的，应当给予行政处罚。违法行为在二年内未被发现的，不再给予行政处罚。法律另有规定的除外。

（五）行政处罚程序

行政处罚程序包括简易程序、一般程序。

1. 简易程序

适用于违法事实确凿并有法定依据，对公民处以五十元以下、对法人或者其他组织处以一千元以下罚款或者警告的行政处罚的，可以当场作出行政处罚决定。

2. 一般程序

适用于行政机关发现公民、法人或者其他组织有依法应当给予行政处罚的行为，需要全面、客观、公正调查，收集有关证据或需要依法进行检查的案件。行政机关依法给予行政处罚的，应当制作行政处罚决定书。行政处罚决定书应当载明的事项包括：当事人的姓名或者名称、地址；违反法律、法规或者规章的事实和证据；行政处罚的种类和依据；行政处罚的履行方式和期限；不服行政处罚决定，申请行政复议或者提起行政诉讼的途径和期限；作出行政处罚决定的行政机关名称和作出决定的日期。行政处罚决定书应当在宣告后当场交付当事人；当事人不在场的，行政机关应当在七日内依照民事诉讼法的有关规定，将行政处罚决定书送达当事人。

此外该法还具体规定了行政处罚前的听证程序、行政处罚的执行及法律责任。

三、行政强制法

我国法定的行政强制包括行政强制措施和行政强制执行。行政强制措施，是指行政机关在行政管理过程中，为制止违法行为、防止证据损毁、避免危害发生、控制危险扩大等情形，依法对公民的人身自由实施暂时性限制，或者对公民、法人或者其他组织的财物实施暂时性控制的行为。行政强制执行，是指行政机关或者行政机关申请人民法院，对不履行行政决定的公民、法人或者其他组织，依法强制履行义务的行为。2011年颁布实施的行政强制法，规定了行政强制的种类和设定、行政强制措施实施程序、行政机关强制执行程序、申请人民法院强制执行及法律责任，为规范行政强制的设定和实施，保障和监督行政机关依法履行职责，维护公共利益和社会秩序，保护公民、法人和其他组织的合法权益提供了基本的法律依据。这部法律具体规定的内容主要包括：

（一）行政强制的种类和方式

根据该法规定，行政强制措施由法律设定，种类包括限制公民人身自由；查封场所、设施或者财物；扣押财物；冻结存款、汇款；其他行政强制措施。行政强制执行由法律设定，方式包括加处罚款或者滞纳金；划拨存款、汇款；拍卖或者依法处理查封、扣押的场所、设施或者财物；排除妨碍、恢复原状；代履行；其他强制执行方式。

（二）行政强制措施实施程序

1. 一般规定

行政机关实施行政强制措施的，实施前须向行政机关负责人报告并经批准；由两名以上行政执法人员实施；出示执法身份证件；通知当事人到场；当场告知当事人采取行政强制措施的理由、依据以及当事人依法享有的权利、救济途径；听取当事人的陈述和申辩；制作现场笔录；现场笔录由当事人和行政执法人员签名或者盖章，当事人拒绝的，在笔录中予以注明；当事人不到场的，邀请见证人到场，由见证人和行政执法人员在现场笔录上签名或者盖章；法律、法规规定的其他程序。情况紧急，需要当场实施行政强制措施的，行政执法人员应当在二十四小时内向行政机关负责人报告，并补办批准手续。

2. 查封、扣押

查封、扣押应当由法律、法规规定的行政机关实施，其他任何行政机关或者组织不得实施。行政机关决定实施查封、扣押的，应当依法制作并当场交付查封、扣押决定书和清单。查封、扣押决定书应当载明当事人的姓名或者名称、地址；查封、扣押的理由、依据和期限；查封、扣押场所、设施或者财物的名称、数量等；申请行政复议或者提起行政诉讼的途径和期限；行政机关的名称、印章和日期。查封、扣押清单一式二份，由当事人和行政机关分别保存。

3. 冻结

冻结存款、汇款应当由法律规定的行政机关实施，不得委托给其他行政机关或者组织；其他任何行政机关或者组织不得冻结存款、汇款。行政机关依照法律规定决定实施冻结存款、汇款的，应当依法履行程序，并向金融机构交付冻结通知书。

此外，该法还具体规定了行政机关强制执行的具体程序及法律责任。

以案释法 06

违法行政决定被撤销

2012年3月，王某收到了国务院行政复议裁决书。裁决书撤销了某省认定他家所在区域征地合法决定的裁决。法学博士王某两年法律维权路，终于看到一线曙光。

2010年底，因老家的房屋在未签署拆迁协议的情况下于凌晨被拆。老屋被强拆当日，王某写了一封给家乡市长的公开信。公开信在网上迅速流传，引起了官方重视。当地政府有关领导特地赶赴王某所在的大学和他沟通，承诺“依法依规，妥善处置此事”。公开信事件后，王某家乡的区长答复王某，称“某村村委会答复意见与你本人所提要求差距较大，可能你不能完全接受”“我们支持你通过法律渠道依法解决”。2011年7月15日，王某母亲诉某市住房和城乡建设局不履行查处违法拆迁一案在该市某区法院开庭审理。法院认定“非法拆迁”事实不存在，驳回诉讼请求。

王某随即上诉，被市中级人民法院驳回。在寻求诉讼解决的同时，王某也向省政府行政复议办公室提起行政复议，要求省政府确认关于该城区城市建设用地的批复违法并予以撤销。2011年3月，省政府行政复议办公室召开听证会，只有王某一方提交相关证据，“政府说他们所有的行为都合法，没必要提交证据。”4月6日，省政府行政复议办公室下发行政复议决定书，驳回复议请求。随后，王某等人依法向国务院法制办提起行政裁决。

释解

拆迁户依法维权，先后通过行政手段和法律途径，终于为实践宪法明文规定的“公民的合法的私有财产不受侵犯。国家依照法律规定保护公民的私有财产权和继承权”迈出了关键的一步。

随着依法治国的不断推进、依法行政的不断深入，我国各级行政机关面临的行政诉讼的争议案件在逐步增多，当被告的概率在逐渐增大，这是一种正常的客观现象。当被告不被动，被动的是工作中存在着没有依法行政的瑕疵。情况表明，各级行政管理部门在工作中比较容易引起争议的，主要集中在行政主体不适格、行政行为越权、规范性文件与上位法相抵触、行政决定失当和行政不作为几个方面。因此，在全面推进依法治国的大背景下，在法律制度不断完备、监督渠道极大畅通的情况下，在公民依法维权意识不断增强的态势下，唯有依法决策、依法办事，努力实现与依法行政相适应的行政管理方式的转变，树立职权法定意识、程序法定意识和权责统一意识，切实提高依法行政的自觉性和工作水平，才能从根本上杜绝此类案件的发生。

第四节　行政监督法

行政权力是国家机关中权力最大、涉及人数最多，对国家和社会的发展最为重要、与人民群众关系最为密切的权力，因此行政监督是国家监督体系中的极为重要的组成部分。行政系统内部的监督，主要有行政系统内的专门监督和上级对下级的层级监督。

在我国，行政系统内的专门监督主要为审计监督和行政监察，并且已经制定了审计法和行政监察法。根据审计法的规定，在政府内部监督范围内，审计主要是对本级政府各部门和下级政府预算的执行情况和决算、预算外资金的管理和使用情况；政府部门管理和社会团体受政府委托管理的社会保障基金、社会捐献资金及其他有关基金、资金的财务收支等进行审计监督。审计部门在行使职权时，拥有要求报送权、检查权、调查权、制止并采取措施权、通报权及处理权等多方面的权限。根据行政监察法的规定，行政监察是监察部门对行政机关及其公务员的行政效能和清正廉洁两方面进行的监督。监察部门在行使监督权时拥有检查、调查权、建议处分权等较为广泛的权力。

层级监督方面，我国目前已建立了行政复议制度、行政诉讼制度和国家赔偿制度。并相应地颁布实施了行政复议法、行政诉讼法和国家赔偿法。其中，行政复议制度是指公民、法人或其他组织认为行政机关的行政行为侵犯其合法权益，向上级行政机关申请复议，由复议机关作出复议决定的制度，既属于上级行政机关对下级行政机关的监督，同时也是公民、法人或其他组织不服下级行政机关的具体行政行为要求复议机关作出公正裁判的一种救济行为。由于行政复议实际上是上级对下级的监督，因此行政复议的范围较为宽泛，在行政复议中，公民、法人或其他组织不仅可以对具体行政行为是否合法，要求进行审查，也可以对该具体行政行为是否合理，要求进行审查。而在行政诉讼中，人民法院对具体行政行为则只能进行合法性审查，除行政处罚外，原则上不作合理性、适当性审查。

一、行政复议法

行政复议是指公民、法人或者其他组织，认为行政机关的具体行政行为侵犯了其合法权益，依法向上级行政机关提出复议申请，上级行政机关依法对该具体行政行为进行合法性、适当性审查，并作出复议决定的行政行为。我国1999年颁布实施的行政复议法，对行政复议机关的职责、行政复议范围、行政复议申请、行政复议受理、行政复议决定和法律责任等作出具体规定。这部法律具体规定的内容主要包括：

（一）行政复议机关的职责

行政复议机关负责法制工作的机构具体办理行政复议事项，履行的职责包括受理行政复议申请；向有关组织和人员调查取证，查阅文件和资料；审查申请行政复议的具体行政行为是否合法与适当，拟订行政复议决定；处理或者转送法律规定的审查申请；依照规定的权限和程序对违法的具体行政行为提出处理建议；办理因不服行政复议决定提起行政诉讼的应诉事项；法律、法规规定的其他职责。行政复议机关履行行政复议职责时，应当遵循合法、公正、公开、及时、便民的原则，坚持有错必纠，保障法律、法规的正确实施。

（二）行政复议范围

公民、法人或者其他组织可以依法申请行政复议的情形包括对行政机关作出的警告、罚款、没收违法所得、没收非法财物、责令停产停业、暂扣或者吊销许可证、暂扣或者吊销执照、行政拘留等行政处罚决定不服的；对行政机关作出的限制人身自由或者查封、扣押、冻结财产等行政强制措施决定不服的；对行政机关作出的有关许可证、执照、资质证、资格证等证书变更、中止、撤销的决定不服的；对行政机关作出的关于确认土地、矿藏、水流、森林、山岭、草原、荒地、滩涂、海域等自然资源的所有权或者使用权的决定不服的；认为行政机关侵犯合法的经营自主权的；认为行政机关变更或者废止农业承包合同，侵犯其合法权益的；认为行政机关违法集资、征收财物、摊派费用或者违法要求履行其他义务的；认为符合法定条件，申请行政机关颁发许可证、执照、资质证、资格证等证书，或者申请行政机关审批、登记有关事项，行政机关没有依法办理的；申请行政机关履行保护人身权利、财产权利、受教育权利的法定职责，行政机关没有依法履行的；申请行政机关依法发放抚恤金、社会保险金或者最低生活保障费，行政机关没有依法发放的；认为行政机关的其他具体行政行为侵犯其合法权益的。

（三）行政复议申请

公民、法人或者其他组织认为具体行政行为侵犯其合法权益的，可以自知道该具体行政行为之日起六十日内提出行政复议申请；但是法律规定的申请期限超过六十日的除外。因不可抗力或者其他正当理由耽误法定申请期限的，申请期限自障碍消除之日起继续计算。同申请行政复议的具体行政行为有利害关系的其他公民、法人或者其他组织，可以作为第三人参加行政复议。公民、法人或者其他组织对行政机关的具体行政行为不服申请行政复议的，作出具体行政行为的行政机关是被申请人。申请人申请行政复议，可以书面申请，也可以口头申请；口头申请的，行政复议机关应当当场记录申请人的基本情况、行政复议请求、申请行政复议的主要事实、理由和时间。

（四）行政复议受理

行政复议机关收到行政复议申请后，应当在五日内进行审查，对不符合本法规定的行政复议申请，决定不予受理，并书面告知申请人；对符合行政复议法规定，但是不属于本机关受理的行政复议申请，应当告知申请人向有关行政复议机关提出。对行政复议决定不服再向人民法院提起行政诉讼的，行政复议机关决定不予受理或者受理后超过行政复议期限不作答复的，公民、法人或者其他组织可以自收到不予受理决定书之日起或者行政复议期满之日起十五日内，依法向人民法院提起行政诉讼。

（五）行政复议决定

行政复议原则上采取书面审查的办法，但是申请人提出要求或者行政复议机关负责法制工作的机构认为有必要时，可以向有关组织和人员调查情况，听取申请人、被申请人和第三人的意见。行政复议机关负责法制工作的机构应当对被申请人作出的具体行政行为进行审查，提出意见，经行政复议机关的负责人同意或者集体讨论通过后，按照具体行政行为认定事实清楚，证据确凿，适用依据正确，程序合法，内容适当的，决定维持；被申请人不履行法定职责的，决定其在一定期限内履行。对存在主要事实不清、证据不足的；适用依据错误的；违反法定程序的；超越或者滥用职权的；具体行政行为明显不当等情形之一的，决定撤销、变更或者确认该具体行政行为违法；决定撤销或者确认该具体行政行为违法的，可以责令被申请人在一定期限内重新作出具体行政行为。

（六）法律责任

行政复议机关违反规定，无正当理由不予受理依法提出的行政复议申请或者不按照规定转送行政复议申请的，或者在法定期限内不作出行政复议决定的，对直接负责的主管人员和其他直接责任人员依法给予警告、记过、记大过的行政处分；经责令受理仍不受理或者不按照规定转送行政复议申请，造成严重后果的，依法给予降级、撤职、开除的行政处分。行政复议机关工作人员在行政复议活动中，徇私舞弊或者有其他渎职、失职行为的，依法给予警告、记过、记大过的行政处分；情节严重的，依法给予降级、撤职、开除的行政处分；构成犯罪的，依法追究刑事责任。被申请人违反规定，不提出书面答复或者不提交作出具体行政行为的证据、依据和其他有关材料，或者阻挠、变相阻挠公民、法人或者其他组织依法申请行政复议的，对直接负责的主管人员和其他直接责任人员依法给予警告、记过、记大过的行政处分；进行报复陷害的，依法给予降级、撤职、开除的行政处分；构成犯罪的，依法追究刑事责任。行政复议机关受理行政复议申请，由本级财政予以保障，不得向申请人收取任何费用。

二、行政诉讼法

行政诉讼是指公民、法人或者其他组织认为行政机关和行政机关工作人员的行政行为侵犯其合法权益，依法向人民法院提起的诉讼。为保证人民法院公正、及时审理行政案件，解决行政争议，保护公民、法人和其他组织的合法权益，监督行政机关依法行使行政职权，我国于1989年制定、2014年修订了行政诉讼法，对行政诉讼的受案范围、管辖、诉讼参加人、证据、起诉和受理、审理和判决、审判监督程序、执行及涉外行政诉讼等作了相应规定，具体确立了行政行为合法与违法的标准，对协调行政机关与公民的关系，保护公民合法权益，督促行政机关依法行政，维护社会稳定发挥了重要作用。这部法律具体规定的内容主要包括：

（一）受案范围

行政诉讼受案范围包括，对行政拘留、暂扣或者吊销许可证和执照、责令停产停业、没收违法所得、没收非法财物、罚款、警告等行政处罚不服的；对限制人身自由或者对财产的查封、扣押、冻结等行政强制措施和行政强制执行不服的；申请行政许可，行政机关拒绝或者在法定期限内不予答复，或者对行政机关作出的有关行政许可的其他决定不服的；对行政机关作出的关于确认土地、矿藏、水流、森林、山岭、草原、荒地、滩涂、海域等自然资源的所有权或者使用权的决定不服的；对征收、征用决定及其补偿决定不服的；申请行政机关履行保护人身权、财产权等合法权益的法定职责，行政机关拒绝履行或者不予答复的；认为行政机关侵犯其经营自主权或者农村土地承包经营权、农村土地经营权的；认为行政机关滥用行政权力排除或者限制竞争的；认为行政机关违法集资、摊派费用或者违法要求履行其他义务的；认为行政机关没有依法支付抚恤金、最低生活保障待遇或者社会保险待遇的；认为行政机关不依法履行、未按照约定履行或者违法变更、解除政府特许经营协议、土地房屋征收补偿协议等协议的；认为行政机关侵犯其他人身权、财产权等合法权益的。

（二）管辖

基层人民法院管辖第一审行政案件。中级人民法院管辖的一审行政案件包括：对国务院部门或者县级以上地方人民政府所作的行政行为提起诉讼的案件；海关处理的案件；本辖区内重大、复杂的案件；其他法律规定由中级人民法院管辖的案件。高级人民法院管辖本辖区内重大、复杂的一审行政案件。最高人民法院管辖全国范围内重大、复杂的一审行政案件。经最高人民法院批准，高级人民法院可以根据审判工作的实际情况，确定若干人民法院跨行政区域管辖行政案件。

（三）诉讼参加人

行政行为的相对人以及其他与行政行为有利害关系的公民、法人或者其他组织，有权提起诉讼。公民、法人或者其他组织直接向人民法院提起诉讼的，作出行政行为的行政机关是被告。经复议的案件，复议机关决定维持原行政行为的，作出原行政行为的行政机关和复议机关是共同被告；复议机关改变原行政行为的，复议机关是被告。复议机关在法定期限内未作出复议决定，公民、法人或者其他组织起诉原行政行为的，作出原行政行为的行政机关是被告；起诉复议机关不作为的，复议机关是被告。两个以上行政机关作出同一行政行为的，共同作出行政行为的行政机关是共同被告。行政机关委托的组织所作的行政行为，委托的行政机关是被告。行政机关被撤销或者职权变更的，继续行使其职权的行政机关是被告。

（四）证据

经法庭审查属实，可作为认定案件事实的行政诉讼证据包括：书证；物证；视听资料；电子数据；证人证言；当事人的陈述；鉴定意见；勘验笔录、现场笔录。被告对作出的行政行为负有举证责任，应当提供作出该行政行为的证据和所依据的规范性文件。原告可以提供证明行政行为违法的证据。原告提供的证据不成立的，不免除被告的举证责任。对由国家机关保存而须由人民法院调取的证据；涉及国家秘密、商业秘密和个人隐私的证据；确因客观原因不能自行收集的其他证据，原告或者第三人不能自行收集的，可以申请人民法院调取。

（五）起诉和受理

公民、法人或者其他组织不服复议决定的，可以在收到复议决定书之日起十五日内向人民法院提起诉讼。复议机关逾期不作决定的，申请人可以在复议期满之日起十五日内向人民法院提起诉讼，法律另有规定的除外。公民、法人或者其他组织直接向人民法院提起诉讼的，应当自知道或者应当知道作出行政行为之日起六个月内提出。法律另有规定的除外。因不动产提起诉讼的案件自行政行为作出之日起超过二十年，其他案件自行政行为作出之日起超过五年提起诉讼的，人民法院不予受理。公民、法人或者其他组织申请行政机关履行保护其人身权、财产权等合法权益的法定职责，行政机关在接到申请之日起两个月内不履行的，公民、法人或者其他组织可以向人民法院提起诉讼。对人民法院既不立案，又不作出不予立案裁定的，当事人可以向上一级人民法院起诉。上一级人民法院认为符合起诉条件的，应当立案、审理，也可以指定其他下级人民法院立案、审理。

（六）审理和判决

1. 一审普通程序

人民法院应当在立案之日起五日内，将起诉状副本发送被告。被告应当在收到起诉状副本之日起十五日内向人民法院提交作出行政行为的证据和所依据的规范性文件，并提出答辩状。人民法院应当在立案之日起六个月内作出第一审判决。有特殊情况需要延长的，由高级人民法院批准，高级人民法院审理第一审案件需要延长的，由最高人民法院批准。

2. 简易程序

对被诉行政行为是依法当场作出的；案件涉及款额二千元以下的；属于政府信息公开案件的，或当事人各方同意适用简易程序的，人民法院审理时可以适用简易程序。适用简易程序审理的行政案件，由审判员一人独任审理，并应当在立案之日起四十五日内审结。

3. 二审程序

当事人不服人民法院一审判决的，有权在判决书送达之日起十五日内向上一级人民法院提起上诉。当事人不服人民法院一审裁定的，有权在裁定书送达之日起十日内向上一级人民法院提起上诉。逾期不提起上诉的，人民法院的一审判决或者裁定发生法律效力。人民法院审理上诉案件，应当在收到上诉状之日起三个月内作出终审判决。有特殊情况需要延长的，由高级人民法院批准，高级人民法院审理上诉案件需要延长的，由最高人民法院批准。原审人民法院对发回重审的案件作出判决后，当事人提起上诉的，二审人民法院不得再次发回重审。

（七）审判监督程序

当事人对已经发生法律效力的判决、裁定，认为确有错误的，可以向上一级人民法院申请再审，但判决、裁定不停止执行。对属于不予立案或者驳回起诉确有错误的；有新的证据，足以推翻原判决、裁定的；原判决、裁定认定事实的主要证据不足、未经质证或者系伪造的；原判决、裁定适用法律、法规确有错误的；违反法律规定的诉讼程序，可能影响公正审判的；原判决、裁定遗漏诉讼请求的；据以作出原判决、裁定的法律文书被撤销或者变更的；审判人员在审理该案件时有贪污受贿、徇私舞弊、枉法裁判行为的案件，当事人提出申请的，人民法院应当再审。

（八）执行

当事人必须履行人民法院发生法律效力的判决、裁定、调解书。公民、法人或者其他组织拒绝履行判决、裁定、调解书的，行政机关或者第三人可以向一审人民法院申请强制执行，或者由行政机关依法强制执行。行政机关拒绝履行判决、裁定、调解书的，一审人民法院可以对应当归还的罚款或者应当给付的款额，通知银行从该行政机关的账户内划拨；在规定期限内不履行的，从期满之日起，对该行政机关负责人按日处五十元至一百元的罚款；将行政机关拒绝履行的情况予以公告；向监察机关或者该行政机关的上一级行政机关提出司法建议。对拒不履行判决、裁定、调解书，社会影响恶劣的，可以对该行政机关直接负责的主管人员和其他直接责任人员予以拘留；情节严重，构成犯罪的，依法追究刑事责任。行政机关或者行政机关工作人员作出的行政行为侵犯公民、法人或者其他组织的合法权益造成损害的，由该行政机关或者该行政机关工作人员所在的行政机关负责赔偿。行政机关赔偿损失后，应当责令有故意或者重大过失的行政机关工作人员承担部分或者全部赔偿费用。

三、国家赔偿法

国家赔偿以监督行政机关的行政行为是否合法为主要任务。以违法为赔偿前提的归责原则，事实行为造成损害的赔偿责任等赔偿制度的建立，进一步强化了对行政机关依法行政的监督力度。我国于1994年制定，2010年、2012年修订的国家赔偿法，明确了行政赔偿的范围、赔偿请求人和赔偿义务机关、赔偿的程序及赔偿方式和计算标准，为保障公民、法人和其他组织享有依法取得国家赔偿的权利，促进国家机关依法行使职权，提供了基本的法律依据。这部法律就行政赔偿所具体规定的内容主要包括：

（一）行政赔偿的范围

行政机关及其工作人员在行使行政职权时，如存在违法拘留或者违法采取限制公民人身自由的行政强制措施的；非法拘禁或者以其他方法非法剥夺公民人身自由的；以殴打、虐待等行为或者唆使、放纵他人以殴打、虐待等行为造成公民身体伤害或者死亡的；违法使用武器、警械造成公民身体伤害或者死亡的；造成公民身体伤害或者死亡的其他违法行为的，受害人有取得赔偿的权利。行政机关及其工作人员在行使行政职权时，如存在违法实施罚款、吊销许可证和执照、责令停产停业、没收财物等行政处罚的；违法对财产采取查封、扣押、冻结等行政强制措施的；违法征收、征用财产的；造成财产损害的其他违法行为的，受害人有取得赔偿的权利。如属于行政机关工作人员与行使职权无关的个人行为；因公民、法人和其他组织自己的行为致使损害发生的；法律规定的其他情形的，国家不承担赔偿责任。

（二）赔偿请求人和赔偿义务机关

受害的公民、法人和其他组织有权要求赔偿；受害的公民死亡，其继承人和其他有扶养关系的亲属有权要求赔偿；受害的法人或者其他组织终止的，其权利承受人有权要求赔偿。行政机关及其工作人员行使行政职权侵犯公民、法人和其他组织的合法权益造成损害的，该行政机关为赔偿义务机关；两个以上行政机关共同行使行政职权时侵犯公民、法人和其他组织的合法权益造成损害的，共同行使行政职权的行政机关为共同赔偿义务机关；法律、法规授权的组织在行使授予的行政权力时侵犯公民、法人和其他组织的合法权益造成损害的，被授权的组织为赔偿义务机关；受行政机关委托的组织或者个人在行使受委托的行政权力时侵犯公民、法人和其他组织的合法权益造成损害的，委托的行政机关为赔偿义务机关。赔偿义务机关被撤销的，继续行使其职权的行政机关为赔偿义务机关。没有继续行使其职权的行政机关的，撤销该赔偿义务机关的行政机关为赔偿义务机关。

（三）赔偿程序

赔偿请求人要求赔偿，应当先向赔偿义务机关提出，也可以在申请行政复议或者提起行政诉讼时一并提出；赔偿请求人可以向共同赔偿义务机关中的任何一个赔偿义务机关要求赔偿，该赔偿义务机关应当先予赔偿；赔偿请求人根据受到的不同损害，可以同时提出数项赔偿要求。赔偿义务机关应当自收到申请之日起两个月内，作出是否赔偿的决定。赔偿义务机关决定赔偿的，应当制作赔偿决定书，并自作出决定之日起十日内送达赔偿请求人。赔偿义务机关决定不予赔偿的，应当自作出决定之日起十日内书面通知赔偿请求人，并说明不予赔偿的理由。对赔偿作出赔偿或者不予赔偿决定有异议的，赔偿请求人可在三个月内向人民法院提起诉讼。

（四）赔偿方式和计算标准

国家赔偿以支付赔偿金为主要方式。能够返还财产或者恢复原状的，予以返还财产或者恢复原状。侵犯公民人身自由的，每日赔偿金按照国家上年度职工日平均工资计算。

以案释法 07

行政不作为被判败诉

2014年10月16日，李某向河南省某市国土资源局（以下简称市国土局）书面提出申请，请求该局依法查处其所在村的耕地被有关工程项目违法强行占用的行为，并向该局寄送了申请书。市国土局收到申请后，没有受理、立案、处理，也未告知李某，李某遂以市国土局不履行法定职责为由诉至法院，请求确认被告不履行法定职责的行政行为违法，并要求被告对该村土地被强占的违法行为进行查处。

该市某区人民法院一审认为，土地管理部门对上级交办、其他部门移送和群众举报的土地违法案件，应当受理。土地管理部门受理土地违法案件后，应当进行审查，凡符合立案条件的，应当及时立案查处；不符合立案条件的，应当告知交办、移送案件的单位或者举报人。本案原告向被告市国土局提出查处违法占地申请后，被告应当受理，被告既没有受理，也没有告知原告是否立案，故原告要求确认被告不履行法定职责违法，并限期履行法定职责的请求，有事实根据和法律依据，本院予以支持。遂判决：一、确认被告对原告要求查处违法占地申请未予受理的行为违法。二、限被告于本判决生效之日起按《国土资源行政处罚办法》的规定履行法定职责。

市国土局不服，提出上诉。该市中级人民法院二审认为，根据《国土资源行政处罚办法》规定，县级以上国土资源主管部门“应当依法立案查处，无正当理由未依法立案查处的”，应当承担相应责任。上诉人市国土局未及时将审查结果告知申请人，上诉人的行为未完全履行工作职责，违反了《国土资源行政处罚办法》第四十五条的相关规定。二审判决驳回上诉，维持原判。

释解

及时处理群众举报、切实履行查处违法占地相关法定职责，回应群众关切、保障土地资源的合法利用是有关土地管理部门的应尽职责。土地资源稀缺、人多地少的现状决定了我国必须实行最严格的土地管理制度，但长期以来土地资源浪费严重，违法违规用地现象普遍，这其中既有土地管理保护不力的原因，也有人民群众难以有效参与保护的因素。公众参与是及时发现和纠正土地违法行为的重要渠道，也是确保落实最严格的土地管理制度的有效手段。依法受理并及时查处人民群众对违法用地行为的举报，是土地管理部门的权力更是义务。对于在处理土地违法案件中，发现违法案件不属于本部门管辖的，也应及时做好相应的案件移送工作。《国土资源行政处罚办法》第十条明确规定：“国土资源主管部门发现违法案件不属于本部门管辖的，应当移送有管辖权的国土资源主管部门或者其他部门。”

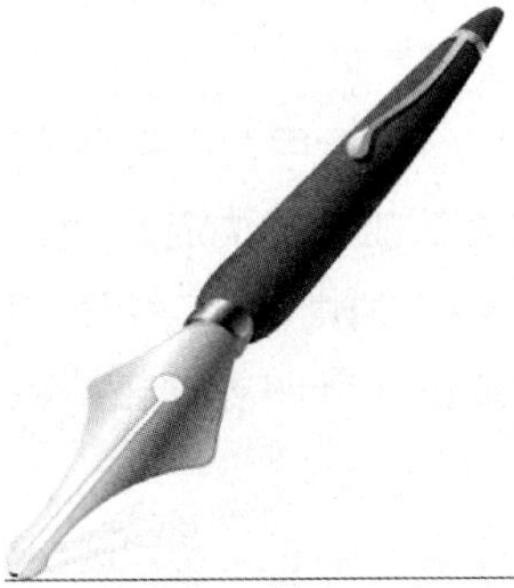

第四章

我国档案法律制度

导 读

新中国成立以后，我国开始了社会主义档案法制的建设。我国档案法制建设不断发展进步有力地推动了档案事业发展，特别是1987年档案法颁布实施以来，当代中国档案事业步入了“依法治档”的正途。经过各级主管部门以及众多档案人的不懈努力，我国现在已经形成了一整套相对完整的具有中国特色的档案法律体系，档案法制建设也趋于完善。为了加强对档案的管理和收集、整理工作，有效地保护和利用档案，为社会主义现代化建设服务，我们要从理念创新、制度设计、法律实施等方面入手，进行深入分析，从而不断完善法律法规，保证有法可依、执法必严、违法必究。

第一节　我国档案法律制度的历史沿革

新中国成立以来，我国的档案立法工作经历了曲折发展的过程，其发展历程可以分成三段，即档案法律制度的创始及全面建设阶段、档案法律制度遭受挫折和破坏阶段以及档案法律制度建设的恢复和全面发展阶段。

一、档案法律制度的创始及全面建设阶段

新中国成立十几年，我国的档案法律制开始起步，并且随着社会主义制度的巩固和经济、文化的发展，我国的档案法律制度实现了从初步创立到全面建设的转变。

1951年6月1日，前政务院第八十七次政务会议通过了《保守国家机密暂行条

例》，并于同年颁布了新中国第一个《公文处理暂行办法》，随后中共中央办公厅召开的党委秘书长会议制订了《关于加强文书处理工作和档案工作的决定》。之后，中央机关、各大区、省、市都陆续制定了文书档案管理办法、原则。1954年11月，中华人民共和国国家档案局成立，为有领导、有计划地建设社会主义档案事业提供了强有力的组织保证。

在1956年3月，国务院发出《国务院关于加强国家档案工作的决定》这一历史性文件，对国家档案的概念、档案工作的基本任务和基本原则等一系列重大问题作出明确规定，有力地推动了全国档案事业的建设和发展，是新中国成立初期最重要的档案法规。首先，在这一决定中规定了集中统一管理国家档案原则，根据这一原则在国务院设立了直属的国家档案局，在各省、自治区、直辖市和国务院各部、委员会设立了档案管理机构，在各级机关、部队、人民团体、企业和事业单位设立了档案室；其次，该决定规定了全国档案工作由国家档案管理机关统一地、分层负责地进行指导和监督；再次，该决定还规定了国家档案局负责全面规划，统一制定关于立卷归档范围的规定和档案保管期限标准表，建立鉴定和销毁档案的制度，加强档案学及其他辅助科目的研究工作，以提高档案管理的科学水平。这一切都有力地推动了全国档案事业的建设和发展。这一决定在建设国家规模的档案事业中起了重要的指导作用，成为当代中国档案事业的奠基石。

1959年1月7日，中共中央发出了《关于统一管理党、政档案工作的通知》，突出了党对档案工作的领导，从此全国档案事业管理便完全集中统一起来。1959年12月，国家档案局召开第一次全国技术档案工作会议，通过《技术档案室工作暂行通则》，1960年2月经国务院批准后试行。1960年3月，国家档案局发布了《县档案馆工作暂行通则》和《省档案馆工作暂行通则》，规定了档案馆的性质是文化事业机构，档案馆的基本任务是负责保管需要长期和永久保管的相应机关移交的档案。1961年12月，中央办公厅批准了《机关档案室工作通则》，对机关档案室工作的原则、体制、机构、人员、任务和文件材料的归档以及档案的整理、保管、统计、提供、利用、鉴定、销毁、移交等问题都作出了明确的规定。1964年3月，中共中央、国务院批转国家档案局《关于进一步加强技术档案工作的报告》，全面阐述了科技档案工作的性质、原则和任务，对推动我国科技档案事业的健康发展起着积极的作用。

二、档案法律制度遭受挫折和破坏阶段

“文化大革命”时期，刚刚建立的社会主义档案法律体系受到了严重的肢解和破坏。在这艰难的十年中，党中央、国务院及国家档案局制定的一系列档案法

规相继失效，刚刚建立起的全国档案行政管理体系和刚刚建成的档案馆遭受破坏。1969年上半年，国家档案局被迫撤销，随后地方各级档案行政机构、各级档案馆和机关档案室也大部分被迫撤销或削弱，中央档案馆的名称和工作范围被改动，第一、第二历史档案馆被划出档案系统，唯一专业培养档案管理和研究人员的中国人民大学档案系于1974年被迫停办，全国档案机构处于瘫痪状态，档案立法工作停止。

三、档案法律制度建设的恢复和全面发展阶段

从1976年10月开始，被否定、取消的档案法规又重新得到肯定，并且得到进一步修订，社会主义档案法制得到恢复和全面发展，最终形成了社会主义档案法律体系。

为了建立、健全科学技术档案工作体系，完整地保存和科学地管理科学技术档案，充分发挥科技档案在社会主义现代化建设中的作用，1980年12月国务院批准了《科学技术档案工作条例》，其对科技档案的范围做出了原则性的界定，其内容主要规定了科技文件材料的形成和归档要求、科技档案管理基本制度和基本方法。

根据中共中央、国务院有关档案工作的决定和指示，为了加强各级党、政、军机关和人民团体档案的科学管理，更好地为机关工作服务，1983年4月，中共中央办公厅和国务院办公厅印发了国家档案局制定的《机关档案工作条例》，强调了机关档案部门职能管理的任务，并就机关档案工作的体制、机构、人员以及档案的接收、管理、利用和移交做出了明确的规定。与此同时，国家档案局重新制定发布了《档案馆工作通则》，重申了档案馆的性质是党和国家的科学文化事业机构，是永久保管档案的基地，是科学研究和各方面利用档案史料的中心。

1987年12月，国家档案局发布了《国家档案局关于机关档案保管期限的规定》《机关文件材料归档和不归档的范围》《机关档案工作业务建设规范》。该三份文件是针对机关档案保管的时间期限、归档的范围和归档的工作业务作出的规定，对以上三方面具有积极作用。1991年12月，国家档案局制定了《各级国家档案馆开放档案办法》，对开放档案、开发档案信息资源具有重要的意义。

20世纪80年代初及以后的几十年中，国家档案局和有关专业主管部门大力开展专门档案的业务建设，先后联合制定和颁布了数十部专门档案法规，如《人民法院诉讼档案管理办法》《商标档案管理暂行办法》《医药卫生档案管理暂行办法》《会计档案管理办法》《地名档案管理办法》等。上述专门档案法规对各种专门档案提出了具体规定和要求，是管理这些专门档案的依据和标准。

1987年9月5日，六届全国人大常委会二十二次会议通过了《中华人民共和国档案法》，并规定该法自1988年1月1日起施行。1996年7月5日，八届全国人大常

委会二十次会议通过了《关于修改〈中华人民共和国档案法〉的决定》。新修的档案法分成六章，其主要内容包括总则、档案机构及其职责、档案的管理、档案的利用和公布、法律责任、附则。档案法是我国公布的第一部社会主义性质的档案工作法律，它的制定和颁布为建设和发展我国档案事业提供了法律保障，在我国档案事业法制史上具有举足轻重的地位。1990年10月24日国务院批准，由国家档案局发布的《中华人民共和国档案法实施办法》是当时档案法的具体化，是我国档案工作的一个全面而系统的行政法规。

我国其他法律中规定的有关档案和档案工作的条款，也都属于档案法律的范畴。特别是1997年通过刑法修订，首次做出有关惩罚档案犯罪的规定，这是档案法规的一次升华。刑法对更好地保护和利用档案资源，打击破坏、盗窃、泄露国家档案机密的犯罪行为起着重要作用。

自档案法颁布经各级档案管理部门的积极工作和配合，为档案法制建设的发展提供了新的思路，并已形成了一整套中国特色的档案法律体系，使档案法制建设更加完善。

以案释法 08

王某与某市公安局某分局档案行政管理纠纷

王某于1974年4月16日到某市某村大队插队，1975年12月23日被该市粮食局招为工人。1985年11月11日，王某被该市A区汽车场辞退，后该单位将其人事档案转到B派出所。1986年2月25日，B派出所接收了王某的人事档案，并出具了接收回执。2013年，为办理退休手续，王某到B派出所查找人事档案，未果。B派出所于2014年5月30日出具证明信，承认接收了王某的人事档案，但未找到。B派出所至今未向王某提供其人事档案。

释解

公安机关在特定历史时期依据有关规定接收管理部分社会人员档案的行为具有行政管理性质，属于具体行政行为。公安机关接收档案后即负有妥善保管档案的义务。本案中，根据双方当事人的当庭陈述及王某提交的证据足以证明B派出所于1986年2月25日接收了王某的人事档案。B派出所接收王某的人事档案后，即应对该档案妥善保存和管理。该所至今未能向王某提供其所接收的档案，可以认定该档案已丢失。B派出所未尽档案管理职责，已构成违法。因B派出所系 A 区公安分局的派出机构，故该违法行政行为的法律后果应当由 A 区公安分局承担。

最终，法院依法判决：确认 A 区公安分局丢失王某人事档案的行为违法。

以案释法 09

白某与某市公安局某分局档案管理纠纷

白某原系某市某缝纫机厂职工，1988年8月27日被开除。1988年9月12日，白某人事档案被转到A公安分局B派出所。1989年，缝纫机厂并入某集团总公司。白某多次向A公安分局询问人事档案事宜，最后于2015年2月11日被告知档案已丢失。

释解

人事档案是白某取得就业资格、缴纳社会保险、享受相关待遇应具备的重要凭证，档案的存在及其记载的内容对白某生活具有重大影响。A 公安分局接收白某档案后，理应妥善保管。现因失职将白某档案丢失，严重侵犯白某的合法权益。

最终，法院依法判决：A 公安分局接收白某的人事档案后，未尽妥善管理义务，导致档案丢失，有悖其职责。A 公安分局将白某的档案丢失违法。

第二节　我国档案法律制度的现状

一、当代中国档案法制建设取得的成就

虽然新中国成立以来中国档案法制建设经历了艰难的发展过程，但是我们仍然取得了令人瞩目的成就。特别是《中华人民共和国档案法》的颁布，不仅标志着我国档案事业进入了一个全新的发展阶段，而且也标志着我国档案法制建设走向了一个高潮阶段。

（一）建立完整的档案法律法规体系

新中国成立后，党和国家为了加强档案工作，先后制定和颁布了一系列有关档案工作的法律、法规、规章，初步形成了我国档案法律法规体系。我国的档案法律体系以档案法为核心，由若干档案行政法规和档案行政规章及其他规范性文件组成。大致分为五种：第一，由全国人民代表大会及其常务委员会制定的法律，

主要有《中华人民共和国档案法》以及宪法、刑法等法律中有关档案的规定；第二，行政法规，包括现行有效的由国务院制定发布的规范性文件，或经国务院批准、国务院其他主管机关和部门制定发布的其他行政法规中涉及到有关档案的规定；第三，行政规章，由国家档案局依法制定，或由国家档案局与国务院其他部门联合制定；第四，地方性法规，由省级人民代表大会及其常务委员会，或者省、自治区所在地的市和国务院批准的较大的市的人民代表大会及其常务委员会制定；第五，地方性行政规章，由省级人民政府以及省、自治区所在地的市，或国务院批准的较大的市的人民政府依法定权限和程序制定。

（二）开创并坚持“依法治档”

在党的十一届三中全会召开前夕，邓小平同志首次提出“有法可依，有法必依，执法必严，违法必究。”党的十一届三中全会以来，我国的立法工作取得了重大的进展。之后，江泽民同志明确指出：“依法治国是邓小平同志建设有中国特色社会主义理论的重要组成部分，是我们党和政府管理国家和社会事务的重要方针。”自《中华人民共和国档案法》颁布实施开始，我国档案事业开始进入依法治档的阶段。为了实现建设中国特色社会主义的目标，各级国家档案馆和档案室加强自身建设，在经济、人员和基础设施上加大投入，逐步系统地完成了对各类档案的收集、整理、鉴定等工作。1996年7月5日，第八届全国人民代表大会常务委员会第十二次会议通过了关于修改档案法的决定，标志着我国档案事业走上了依法治档的新阶段。

（三）提高了档案法律意识，增强了档案法制观念

党的十一届三中全会以来，全国档案系统深入开展普法工作，提高了全民的档案法律意识，增强了全社会的档案法制观念。由于法律法规体系的形成以及普法宣传的积极开展，档案事业基本做到了有法可依、有法必依、执法必严、违法必究。由此，社会上对于档案的认识度加深、档案问题意识增强、档案保护观念有所转变，人们的关注范围变得宽广，档案法律赋予公民利用档案的权利和保护档案的义务等都更加深入。

二、21世纪以来档案法制建设的最新进展

21世纪以来，国家档案局以综合评估为载体，精心组织档案事业发展的综合评估工作，引起了各级党委和政府对档案工作的重视，有力推进了各地档案事业的科学发展。各地档案部门以档案事业的改革发展为中心，致力于解决人民群众关注的热点问题，在实际的工作经验的基础上，有计划、有针对性地对档案事业的法制建设做出努力，在立法工作和执法工作上加大了人力、物力、财力的投入，对档案馆的建设工作、企业职工档案管理等工作加强了管理。各

地档案部门通过建立年检制度、开展目标管理认定、实施登记认证等方式，努力建构适应新形势发展需要的档案行政执法监督体系，推进各领域的档案工作管理。

（一）立法工作方面

新世纪以来，在坚持邓小平理论和“三个代表”重要思想的基础上，在全面贯彻落实科学发展观的努力下，各级档案管理部门顺应党和国家加强社会主义民主法治建设的任务，档案法制建设也明显加强，我国档案法制建设整体上在探索中前进，在前进中发展，在发展中提高。

2004年以来，几乎每年两会上都有全国人大代表或全国政协委员提出议案或提案，要求对档案法进行修改。这说明大家对档案法的认知程度加深，对运用档案法的要求明显提高，对一个更加适应社会发展的档案法的期望值增高，档案法已经到了非改不可的地步。

国家档案局于2007年启动了档案法修改工作，成立了档案法起草工作小组。在修改工作中，起草工作小组经过深入的调研，对档案法在施行过程中遇到的问题进行了全面细致的梳理，多次就档案法的修改问题召开各种座谈会、研讨会，针对修订草案初稿咨询和听取了各级档案工作部门以及法学和档案学专家学者的意见，并与国务院法制办及全国人大法工委达成共识，目前已形成《中华人民共和国档案法》修订草案（送审稿）提交国务院审议并征求公众的意见。

（二）执法工作方面

2006年5月，国家档案局在大连召开了全国档案系统推行行政执法责任制现场会议，有力地推进了全国档案系统依法行政工作，符合各部门依法行政的原则。全国各地建立了各级档案行政管理部门，大部分的行政管理部门都设立了法制工作机构，明确了行政执法的主体资格，加强了档案行政执法和监督检查队伍的建设。据统计，全国现在拥有各级政府法制部门颁发的行政执法证件的人数超过了一万，这些人都经过了政府法制部门和档案行政管理部门的培训，组成了合格的行政执法和监督检查队伍。为贯彻落实国务院《全面推进依法行政实施纲要》和《国务院办公厅关于推行行政执法责任制的若干意见》，加大依法行政工作力度，提高档案系统的行政执法水平，国家档案局成立了全面推进依法行政工作领导小组，在全国档案系统推行档案行政执法责任制和档案行政执法员制度，档案行政执法员的素质得到普遍提高，执法监督机制逐步形成，力度不断增强。

以案释法 10

陈某与某房管局确认档案效力案

陈家兄弟在解放前合办了“汉口私立建华中学”，为今后发展，陈家兄弟将自己名下的房产过户到建华中学名下。1953年建华中学停办，1956年为响应私房社会主义改造的号召，陈家兄弟将建华中学名下的私房申请为托管房，托管账258号。2015年，此处的托管房因修地铁而要征收拆除，征收部门要房管局出具证明，证明此处的房子是托管房，以便按规定对拆除的托管房进行补偿，但房管局称此处的房屋不是托管房，是经租房，产权属国家所有；还称房产是教育局交给房管局将托管改成经租房的。房管局将市房地产公司的房屋确权卡片托管账258号上建华中学托管房的原业主是建华中学说成是教育局，没有废除托管账258号的行政文书，没有托管房原业主建华中学申请将托管房变成经租房的申请文书，也没有经租房原业主按月获取定租的收据。陈某作为原建华中学负责人，对某房管局提起诉讼。

释解

公民、法人或者其他组织向人民法院提起行政诉讼的，应当符合法定的起诉条件。本案中，原告诉请某房管局出具证明某房地产公司托管账258号上房屋相应档案仍然有效之诉属于有关历史遗留的落实政策性质的房地产纠纷，根据《最高人民法院关于房地产案件受理问题的通知》第三条关于“凡不符合民事诉讼法、行政诉讼法有关起诉条件的属于历史遗留的落实政策性质的房地产纠纷，因行政指令而调整划拨、机构撤并分合等引起的房地产纠纷，因单位内部建房、分房等而引起的占房、腾房等房地产纠纷，均不属于人民法院主管工作的范围，当事人为此而提起的诉讼，人民法院应依法不予受理或驳回起诉，可告知其找有关部门申请解决”的规定，本案不属于人民法院主管工作范围。

最终，法院依法裁定：驳回原告陈某的起诉。

以案释法 11

贾某公房档案管理纠纷

某市某村某房屋系贾某1982年在原单位被安置的承租公房。因当时住房困难，单位指定该房由贾某与孙某共同居住，房租交给A房管所。当时该房由贾某儿子实际居住。

1992年，该房由某城建公司拆除时并未通知贾某，该房承租证也遗失。2013年，贾某得知该房被某城建公司拆迁才要求拆迁安置，但被告知该房拆迁时已对孙某及另一户进行了拆迁安置，贾某要求某城建公司提供该房安置资料及信息，被告知可去A房管所查询。A房管所答复，拆迁时所有承租人资料已移交拆迁单位，可去其上级单位B房管所查询。B房管所又答复贾某，某村在2002年区划调整时被划至C区，所有相关承租人档案资料全部移交C住建局下属单位S房产经营有限公司，并提供了当时移交档案的相关手续。S房产经营有限公司又称贾某原承租公房已于1992年被拆除，区划调整时该地址已不存在，房产档案有移交记录，但承租人档案资料无法找到。贾某遂向C区人民法院提起民事诉讼，该诉讼于2014年4月由C区人民法院立案，审理中C区人民法院认为案件性质是行政诉讼。贾某遂又提起行政诉讼，要求C住建局提供贾某原承租公房的档案资料，但却被C区人民法院裁定不予受理，贾某不服，请求二审法院依法撤销一审裁定，并受理本案。

释解

档案管理并非C区住建局的行政职权，贾某要求C区住建局提供贾某原承租公房的档案材料，不属于人民法院行政诉讼的受案范围。一审法院对贾某的起诉裁定不予受理并无不当。最终，二审法院依法裁定：驳回上诉，维持原裁定。

第三节　我国档案法律制度的发展与完善

改革开放以来，我国的档案法律体系已经形成并逐步完善，立法工作也取得了巨大的成就。但是，在当前的社会转型时期，档案工作面临着很多新情况、新问题，档案管理制度出现了与经济社会发展现状不相适应的情况，修改出台与当今社会相匹配的新档案法已经迫在眉睫。

经过20世纪90年代对档案局、档案馆的改革，大部分地区实行局馆合一的模式，现行档案管理存在职能界限不清、责任混淆的情况。档案行政执法主体存在不确定性，档案行政管理部门不是唯一的档案行政执法部门，城市建设、土地管理等部门有时也具备档案行政执法的权力。档案行政执法程序的制度缺乏，除《档案行政处罚程序暂行规定》和《档案行政许可程序规定》两个档案行政执法程序文件以外，其他的档案法律法规基本上没有作统一的程序规定。新时期对档案法制建设的完善提出了新要求。

一、加强档案立法工作，健全和完善档案法律法规体系

重视并加强档案立法工作，注意并提高档案立法质量，是健全完善档案法律法规体系的根本保障。任何事物都是在不断变化发展的，都要经历一个从不完善到逐步完善的过程，随着我国经济的飞速发展，依法治国事业不断进步，档案法也同样需要推陈出新。我们应该摒弃现有档案法律法规中与现阶段不相适应的内容，在坚持正确方向的前提下借鉴同行业、相关行业、不同地区、不同国家的有益经验。所以，我们要加强档案立法工作，提高档案立法质量，健全完善档案法规体系，确保档案事业管理各个方面都有法可依。

二、加强档案执法工作，提高档案行政执法水平

档案行政执法是档案法制的关键环节，是保证档案法发挥作用的必要手段，也是档案法制建设的重中之重。档案立法不是最终目的，如何实施档案的法律规定才是重点。我们应当为了加强档案行政执法，严格依法行政，提高档案行政执法的水平和效率，采取各种有效措施。

对档案管理工作中相关的执法人员进行业务上和道德上的双重培训，以使档案执法队伍的业务素质和政治素质得到有效的提高。努力培养出一支政治坚定、业务精通、作风优良、执法公正、敢于执法、善于执法的高素质的档案行政执法队伍。

不断完善档案行政执法机制，要求档案行政执法机关始终严格按照法定的权限、依据、程序执法。建立和完善档案行政执法责任制，实行档案行政执法评议考核制度，确保执法活动的合理合法。

三、建立和强化档案行政执法监督机制，切实做好行政复议工作，积极推进政务公开

第一，既要充分发挥专门监督机关的作用，又要注意发挥党组织、国家权力机关、人民群众、新闻舆论等方面的监督作用，保证档案行政执法质量，防止执法犯法。

第二，充分发挥各级人大的监督和检查作用，对执法人员行为进行实时并及时的监督，针对所出现的问题提出解决的方法和建议。

第三，建立健全档案行政执法考核制度，进行从常规性检查到风险性监督全方位的考核。为保证档案质量，应该对档案部门的工作采用定期和不定期相结合的抽查方式进行抽查，对档案部门出现的违法行为进行及时纠正，出现复杂问题时要及时进行调查和核实，提交调查报告，并对相关责任人实施相应惩罚。

第四，切实做好行政复议工作，积极推进政务公开。要提高对新闻舆论以及人民群众监督的重视程度，从而更好地保证档案的质量，有效防止违法行为的产生。

四、培养一支高素质的执法队伍

档案执法人员的素质是档案法制建设的核心因素，因此必须建立一支高效务实、奉公守法的档案执法队伍。提高执法队伍准入门槛，在选拔上吸收那些法制观念强，思想上、政治上、业务上都过硬的人员来从事执法工作。

在执法队伍内广泛宣传贯彻档案法、档案法实施办法等相关法规，并定期开设有关法律法规的教学课程，不断提高广大档案工作人员的法律素质；建立健全对档案工作人员的考核机制，实行竞争上岗机制，通过奖惩制度调动档案工作人员的积极性。

五、加强档案普法工作，继续深入开展档案法制宣传教育

档案普法是我国档案事业全面实行依法治理的一项极其重要的战略任务，也是档案法制建设的重要组成部分。加强档案法制建设，依法管理档案事业，不仅需要制定档案法律、法规和规章，并付诸实施，还要让全社会普遍遵守。在具体工作中，普法往往被忽视，因此档案法治建设重心应转向普法方面，强化档案法治宣传。

要努力坚持实行档案的法治教育与实践相结合的原则，思想道德教育也要融入到档案的法治教育中来。探索档案法普及工作的新思路、新方法，在开展档案法普及工作中，应明确提出档案普法教育和工作实践相结合的普法工作新思路。要使社会及公众的档案法治意识尽快而普遍养成，必须要制定档案法制宣传工作的全方位战略。不仅要利用电视、广播、报刊、网络等主要媒体作为档案法治宣传的渠道，还要利用交通文化渠道，如利用街道两旁的楼体标识、公益性广告灯箱等。另外，还可以利用通讯信息渠道、旅游文化渠道、家庭与社区文化渠道等普及档案法治意识，实现档案的立法、执法、知法、守法各环节的良性循环。

档案相关法律所普及的对象不应当仅仅是档案管理工作的相关人员，更应该面向广大的人民群众，大力提高全社会的档案法律意识和档案法律素质。只有提高全体公民、法人和其他组织的档案法律意识和档案法律素质，档案法治才有广泛的社会基础。

以案释法 12

王某诉某镇政府、某村委会财务档案管理案

2002年，某镇政府在审计某村委会财务档案过程中，将王某在该村委会财务挂账的财务档案丢失。王某于2015年5月8日提起行政诉讼。

释解

《中华人民共和国行政诉讼法》第四十六条第二款规定："因不动产提起诉讼的案件自行政行为作出之日起超过二十年，其他案件自行政行为作出之日起超过五年提起诉讼的，人民法院不予受理。"某镇政府于2002年对某村委会财务进行审计，原告王某认为两被告在此次审计中将自己给某村委会垫付款、借款等凭证丢失。因此次审计行为距起诉日期已过十三年之久，超过了法定起诉期限。

最终，法院依法裁定：驳回原告王某的起诉。

第五章

档案管理制度

导读

档案工作，简单地说就是用科学的原则和方法管理档案，为党和国家各项工作服务的工作。档案工作也称档案管理，是档案工作机关直接对档案实体和档案信息进行管理并提供利用服务的各项业务工作的总称，也是国家档案事业最基本的组成部分。档案管理制度就是有关档案工作的主体、内容、对象和性质的规定。

第一节　档案管理机构及其职责

一、档案管理机构的沿革

我国档案机构的发展经历了一个由分到总再到分的过程。新中国成立初期，党、政府、军事部门分别管理各自的档案。之后，为了对档案工作进行统一管理，国务院在1954年11月设立了国家档案局。1959年中央批准了中央办公厅秘书局和国家档案局向中央提出的党、政档案统一管理的提案，实行各级党委直接领导本级档案部门档案工作的体制，由各部门分开管理变成各部门合起来统一管理。到1982年，全国档案工作会议通过的《机关档案工作条例》进一步规定了机关档案工作的体制，规定机关档案部门受办公厅（室）的领导，并受同级和上级档案业务管理机关的指导、监督与检查。1985年，中央和国务院对各级管理机构重新定性，明确了全国各级档案管理机构既是党的机构又是政府机构，同时列入政府编制序列，国家档案局由中央办公厅领导改为由国务院领导，中央档案馆仍是中央和国务院直属的事业机构，由中央办公厅直接领导日常工作，业务上受国家档案局指导。1993年，中央档案馆和国家档案局合并，作为中央和国务院直属的机构，由中央办公厅管理。

二、档案管理机构的种类及其职责

（一）我国档案管理机构的种类

《中华人民共和国档案法》第二章规定了我国档案机构包括国家档案行政管理部门和县级以上地方各级人民政府的档案行政管理部门，机关、团体、企业事业单位和其他组织的档案机构，中央和县级以上地方各级各类档案馆。

根据不同的职能，将档案管理机构分为四类：

1. 档案室

档案室是指各种组织，包括机关、团体、学校、企业事业单位等统一保存和管理本单位档案的内部机构。它是国家档案工作组织体系中最普通、最大量、最基层的业务机构，是单位的组成部分并受单位管理，是研究咨询性质的专业机构。档案室的基本任务：一是对本单位文书部门或业务部门的文件归档工作进行指导和监督；二是接收和保管本单位各部门应归档的文件，进行必要的整理、鉴定、统计、编目和研究，积极开展利用工作，同时收藏和管理一些内部资料；三是定期把具有永久或长期保存价值的档案向有关档案馆移交。

档案室根据不同的职能，要有不同的种类，大致分为普通档案室、科技档案室、音像档案室、人事档案室、综合档案室和联合档案室。

2. 文件中心

文件中心是一种社会化、集约化和专业化的档案管理机构。和档案室不同的是，文件中心不是一个单位的内部机构，而是介于单位和档案馆之间的一种过渡性档案管理机构。根据不同的职能，可以将文件中心分为县级以上人民政府建立的为政府和社会服务的非营利性的政府性文件中心和单位或个人创办的实行收费服务的商业性文件中心。文件中心的主要职能有以下四点：一是将文件从其形成单位接收、存储进文件中心；二是提供准确、快捷的文件阅读服务，满足文件形成者的需要；三是保证所接收和管理的文件的安全，进行科学管理；四是根据由文件形成单位制定、档案馆批准的档案保管期限表对文件进行处理。我国第一个文件中心是甘肃省永靖县在1988年成立的。

3. 档案寄存中心

档案寄存中心是由国家档案馆设立的，为各类企业、社会组织以及个人提供文件与档案寄存服务的机构。档案寄存中心为不具备充分保管条件的企业、破产单位、社会团体、公民个人等提供文件与档案寄存服务。在寄存期间，被寄存的文件与档案的所有权不会转移至寄存中心，寄存中心为这些组织和单位提供的仅仅是安全保管服务。

4. 档案馆

根据档案法的规定，档案馆属于党和国家的科学文化事业机构，是永久保管档案的基地，是科学研究和各方面工作利用档案史料的中心。档案馆的具体任务是：(1) 接收和征集本级各机关、团体及其所属单位具有长期和永久保存价值的档案以及有关资料，并对所接收的档案和资料进行科学地管理；(2) 积极开展档案资料的利用工作，参与编史修志的工作。

档案馆也有许多种类，分为中央级档案馆（包括中央档案馆、中国第一历史档案馆、中国第二历史档案馆）、地方档案馆、专业档案馆和单位档案馆。

（二）各级档案管理机构的职责

1. 国家档案行政管理部门

国家档案行政管理部门即国家档案局。根据档案法第六条第一款的规定，国家档案局应该履行下列职责：(1) 根据有关法律、行政法规和国家有关方针政策，研究、制定档案工作规章制度和具体方针政策；(2) 组织协调全国档案事业的发展，制定发展档案事业的综合规划和专项计划，并组织实施；(3) 对有关法律、法规和国家有关方针政策的实施情况进行监督检查，依法查处档案违法行为；(4) 对中央和国家机关各部门、国务院直属企业事业单位以及依照国家有关规定不属于登记范围的全国性社会团体的档案工作，中央级国家档案馆的工作，以及省、自治区、直辖市人民政府档案行政管理部门的工作，实施监督、指导；(5) 组织、指导档案理论与科学技术研究、档案宣传与档案教育、档案工作人员培训；(6) 组织、开展档案工作的国际交流活动。

2. 地方档案行政管理部门

依据档案法第六条第二款的规定，县级以上地方各级人民政府档案行政管理部门应该履行下列职责：(1) 贯彻执行有关法律、法规和国家有关方针政策；(2) 制定本行政区域内的档案事业发展计划和档案工作规章制度，并组织实施；(3) 监督、指导本行政区域内的档案工作，依法查处档案违法行为；(4) 组织、指导本行政区域内档案理论与科学技术研究、档案宣传与档案教育、档案工作人员培训。

3. 专门档案馆

1992年国家档案局发布实施的《全国档案馆设置原则和布局方案》中规定了专门档案馆的职责。该方案指出专门档案馆是指收集和管理某一专门领域或某种特殊载体形态档案的档案馆。《全国档案馆设置原则和布局方案》指出，中央设置四个专门档案馆，即中国照片档案馆、中国科学技术档案馆、中国文学艺术档案馆、中国声像档案馆。省（自治区、直辖市）以及计划单列市、特大城市设置哪些专门档案馆，按照重点加强各级国家综合档案馆的原则，由同级档案行政管理部门负责统筹规划，报同级人民政府批准，并报国家档案局备案。大、中城市设置城市建设档案馆，收集管理有关城市规划、建设的档案和城市建设管理方面的具有永久保存价值的档案或档案复制件及有关资料。

以案释法 13

秦某诉某供销合作社联合社未妥善管理其档案

秦某于1986年9月经原区劳动局正式招收到区商业局下属的某供销社合作商店工业品食杂店工作，工种是售货员。1993年8月，因供销社经营困难，商店经理口头通知秦某停薪留职、自谋出路。后某供销社合作商店经区供销联社同意上报发改委解体，善后事宜和档案交区供销社负责。直到2014年7月底，秦某去社保局咨询养老保险事宜时，被告知须有招工登记表、工资表、转正定级表、辞职通知书等才能补交。但秦某找到区供销联社时，却只找到包括秦某在内的两份1987年和1992年的职工花名册，其他材料均找不到。2015年6月12日，区供销联社领导告诉秦某自己承担找不到档案的后果。秦某认为合作商店和某供销社先后经区供销联社同意解体；根据当时相关规定，合作商店和某供销社的善后事宜和档案由区供销联社负责。秦某遂提起诉讼。

释解

《中华人民共和国行政诉讼法》第二条规定：“公民、法人或者其他组织认为行政机关和行政机关工作人员的行政行为侵犯其合法权益，有权依照本法向人民法院提起诉讼。”《中华人民共和国档案法》第七条规定：“机关、团体、企业事业单位和其他组织的档案机构或者档案工作人员，负责保管本单位的档案，并对所属机构的档案工作实行监督和指导。”故单位为职工保管档案的行为并非行政行为。本案中，某供销社解散后，其职工的档案由区供销联社保管，区供销联社履行的是单位为职工保管档案的行为，并非行政行为。秦某的起诉不属于人民法院行政诉讼的受案范围。根据《中华人民共和国行政诉讼法》第五十一条第二款的规定，应裁定不予立案。因本案被诉行为并非行政行为，不属于人民法院行政诉讼的受案范围，故上诉人附带提起的行政赔偿之诉同样不属于人民法院行政诉讼的受案范围，也应裁定不予立案。

以案释法 14

某律所诉某工商局拒绝其查询企业档案纠纷案

2001年3月16日，某律所指派律师刘某持《律师执业证》和介绍信前往某工商行政管理局，要求查阅并复印某公司的档案资料。工商局的工作人员以没有法院立案证明不能查询企业档案资料为由，拒绝了刘某的查询。根据《中华人民共和国企业法人登记管理条例》第六条第二款及第二十三条的规定，企业登记资料系应向社会各界提供的信息，获得有关资料无限制条件。企业依法核准注册，其登记机关应向社会发布公告；企业注册的全部内容均系依法办理，没有不能示众的机密事项，以保密为借口限制律师查询是变相剥夺律师查询企业档案资料的权利，也是对刘某合法执业权利的侵犯。

释解

工商局从收到刘某的起诉状到庭审结束，未提供答辩状及其作出拒绝刘某查询企业书式档案资料的任何证据和法律、法规或规章依据，依照《中华人民共和国行政诉讼法》第三十四条“被告对作出的行政行为负有举证责任，应当提供作出该行政行为的证据和所依据的规范性文件”的规定，应认定工商局作出拒绝刘某要求查询有关企业注册登记资料的书式档案的具体行政行为没有证据、该行政行为违法。

最终，法院依法判决：确认被告某工商行政管理局拒绝原告某律所要求查询有关企业注册登记资料的书式档案的行政行为违法。

第二节　档案的管理

档案的管理是从档案管理的工作性质、工作原则和工作内容的方面全面理解，随着经济的飞速发展、社会的不断进步，档案管理也应该除旧布新，跟上时代的脚步，实行现代化的管理。

一、档案工作的性质

档案工作是一项很重要的专门事业，它为我国实现社会主义现代化建设、进行历史研究等各项工作准备了必要条件。做好档案工作，不仅是当前工作的需要，更是维护党和国家历史真实面貌的需要。

（一）档案工作是一项政治性的工作

档案工作的政治性表现在档案为谁所有，为谁服务，受到什么阶级利益的制约。在我国，档案工作不是一般的服务性行业，它是巩固人民民主专政、维护国家机密和历史财富的重要阵地之一。正是因为档案工作的政治性，使得档案工作的重点在于努力地展开工作、切实为经济建设服务。在政治性中还包括一种特殊的属性，即机要性。档案工作的机要性，是由档案本身的特点以及国家利益所决定的。

（二）档案工作是一项科学性的管理工作

档案工作是专门的工作，是专门负责管理历史文献的工作，属于国家科学文化事业的组成部分。档案工作既是科学的工作，又是管理的事业。

（三）档案工作是一项服务性的工作

从档案工作同其他工作的关系来说，它总是处于服务其他工作的地位。档案工作虽然也是一项研究性的、科学性的工作，但是档案部门研究档案、进行编著等活动主要还是为了使自己能够更好地符合各界的需要，发挥作用，为党和国家各项工作提供档案材料。档案工作的服务性，是档案工作赖以存在和发展的基本因素。

二、档案工作的内容

档案工作，就是用科学的原则和方法管理档案，为党和国家各项工作服务的工作。它的基本内容包括：档案的收集、整理、编目、保管、鉴定、统计和提供利用。这是关于档案工作的传统的划分法，通常称为档案工作“七个环节”。

（一）档案收集

档案收集工作，就是把分散在各机关内部职能部门和个人手中的文件材料按照规定集中保存起来。收集工作是为了解决文件形成后的分散状态与利用要求集中的矛盾，它是档案工作的起点，是档案工作的第一个环节，也是实现档案集中统一管理的一项重要和基本的内容。

（二）档案整理

档案整理工作，是为了解决档案的零乱状态与系统查找的矛盾。简单地说就是对零散的或者是需要整理的档案进行分类，排列编目，使之系统化，使整理出的档案能够反映历史活动的真实面貌，为管理需要和日后查找提供便利。

（三）档案鉴定

档案鉴定工作，是为了解决档案庞杂和只需要保存有价值的档案的矛盾，根据档案对今后各方面可能起的作用，通过甄别档案的价值，确定保管期限，把已失去价值的档案剔除销毁。

（四）档案保管

档案保管工作，是为了解决档案的不断毁损和需要长远利用的矛盾。由于自然和社会的各种原因，档案总是处于渐变性的自毁过程或者可能遭到突变性的破坏。档案保管工作的任务，就是克服与限制损毁档案的各种因素，努力延长档案的寿命，维护档案的完整与安全。

（五）档案统计

档案统计工作，是为了解决数量不清与要求心中有数的矛盾，就是通过表册、数字的形式揭示档案和档案工作的有关情况。

（六）档案编目和利用

档案编目和利用工作，是为了满足特定的利用要求，为提供档案准备好直接的辅助手段，并通过各种方式实际地提供档案和有关资料。

三、档案工作的基本原则

为了适应社会主义事业发展的需要，统一指导全国档案工作，在长期的实践过程中逐步形成和确定了我国档案工作的基本原则，这一原则的基本思想包括三个方面：

第一，确立了档案工作的组织原则和管理体制，即统一领导、分级管理，另一种说法是“集中统一地管理国家全部档案”。档案工作的统一领导，是社会主义社会的必然产物，它的发展是在社会主义经济政治发展的基础上，并且反过来促进经济政治的巩固和发展。统一领导、分级管理要求做到：首先，各单位各种门类和载体的档案均由本单位档案室集中管理，档案需要长远保存的由各级档案馆集中保管；其次，全国档案工作由各级档案行政管理部门统一地、分层负责地进行指导和监督；最后，全国档案工作统一于党的领导。

第二，对档案管理的基本要求——维护档案的完整与安全的原则。维护档案的完整应该从两个方面入手，一方面是从数量上，要保证档案的完整、齐全，不使应该集中保存的档案残缺短少；另一方面是从质量上，要维护档案的有机联系，不能人为地割裂分散，或者零乱堆砌。维护档案的安全也有两方面的含义：一方面，力求档案本身不受损坏，尽量延长档案的寿命；另一方面，要维护档案免遭意外的破坏，保护档案的安全性。

第三，体现了档案工作的根本目的，规定了档案工作的主要标准——便于社会各方面利用的原则。社会各方面利用档案，是档案工作的出发点，并且支配着档案工作的全过程。

四、档案管理的现代化

档案管理的现代化是指以系统论等现代管理科学为指导，运用现代管理方法和手段，采用先进的管理技术与设备，充分发挥档案管理人员的主动性、积极性和创造性，对档案管理的传统方式进行改革，加快实现其系统化、定量化、信息化、智能化管理。例如利用计算机实现对档案的输入、输出、修改、插入、打印、统计、检索、查询、判别、诊断、筛选等功能，同时可以利用计算机完成对档案的鉴定工作。档案管理现代化具有占用空间小、储存信息量大、应用能力强、速度快等特点，能及时、大量地提供档案信息，提高了档案管理效率。电子文件作为新型的信息载体出现在档案领域，逐步替代传统的纸质档案载体已经成为一种必然趋势。

（一）加强档案管理的标准化建设

档案管理标准化是档案管理现代化的重要基础。档案管理现代化是建立在先进技术、严密分工和广泛协作的基础上的。现在的时代是信息技术飞速发展的时代，档案信息的共享与网络的沟通更需要由一个统一的标准来进行规范，如各种档案数据的交换、档案信息的传递、档案资料的共享等，都需要通过制定和建立各类档案管理标准，形成档案管理标准体系来确保档案管理现代化各项工作的有效实现。

（二）增强档案管理现代化意识，改变档案管理现代化观念

管理理念现代化是档案管理现代化的灵魂，档案管理机构的工作人员应当增强档案管理现代化意识。现阶段，就是因为有很多档案管理人员没有这种管理现代化意识，才大大地影响了档案现代化的发展步伐。在现代化进程中，档案管理工作人员要树立科学实践观，依靠先进的科技手段、前沿的管理方法切实改变封闭保守的观念，适应信息化发展趋势，引进现代管理的理论和方法，使档案管理从经验管理向科学管理和现代管理迈进。

（三）加快复合型人才培养

在信息时代，经济知识和信息技术都需要被运用在日常的工作中。实现档案管理现代化，不仅需要档案管理人员具有档案方面丰富的理论和实践知识，还必须具有一定的经济、信息技术和写作等综合方面的知识。要提高档案工作人员的素质，大力加强档案管理队伍建设，以选拔优秀档案管理人才为起点，把复合型人才吸收到档案现代化管理中。在档案管理现代化的进程中，档案管理人员不仅应具备吃苦耐劳、甘于奉献、全心全意为人民服务的优良品质，还应具备做好现有工作所需的智力、知识结构及现代化管理能力。要继续加强教育培训，采用多种形式实施全方位的培训，优化档案现代化管理人员的知识结构，培育现代化管理急需的技术操作、维修及科学管理人才。

以案释法 15

韩某与某区住房和城乡建设局行政登记纠纷案

2012年8月29日，韩某在某住建局处填写某区政府信息公开申请表，申请公开1968年私房接管时其父亲韩某祥到某房管所填写的登记表和某区私房留房人均面积的相关政策、文件。某住建局受理该申请并经审查后认为，韩某要求公开的信息内容涉及私房改造档案，这些档案早在2008年已由中华人民共和国住房和城乡建设部办公厅确定为国家秘密，属于法律法规及国家有关规定不得公开的情形和范围。2012年9月6日，住建局作出决定，认为韩某申请获取的信息属国家秘密，故对韩某申请获取的信息不予公开。韩某收到该告知书后，于2012年9月11日向区人民政府申请行政复议。区人民政府经审查认为，根据中华人民共和国住房和城乡建设部的相关文件规定，韩某申请公开的政府信息为国家秘密，依法应不予公开。2012年11月29日，区人民政府作出行政复议决定书。韩某不服，向人民法院提起诉讼。

释解

根据《中华人民共和国政府信息公开条例》第十四条的规定，行政机关在公开政府信息前，应当依照《中华人民共和国保守国家秘密法》以及其他法律、法规和国家有关规定对拟公开的政府信息进行审查。行政机关不得公开涉及国家秘密的政府信息。本案中，韩某向某住建局申请公开的信息有两项，一是1968年私房接管时其父韩某祥亲自到某房管所填写的私房产权登记表，二是私房留房人均面积的相关政策和文件，这两项信息属于涉及私房改造的资料。某住建局经审查后认为此类信息属于国家秘密，不予公开。根据《中华人民共和国政府信息公开条例》第十四条第三款的规定，行政机关对政府信息不能确定是否可以公开时，应当依照法律、法规和国家有关规定报有关主管部门或者同级保密工作部门确定。

最终，法院依法判决：撤销某区住房和城乡建设局于2012年9月6日作出的不予公开告知决定书；责令被某区住房和城乡建设局对韩某的申请重新作出答复。

以案释法 16

刘某与某县人事和劳动社会保障局人事行政管理纠纷案

原告刘某1989年毕业于某科技大学，分配到某县种子公司工作。1994年刘某应中央第三次西藏会议精神，自愿进藏工作，同年7月自带档案及行政户籍关系到某市委组织部报到却未被接收，随后某市委组织部将其档案及行政关系寄回某县人事和劳动社会保障局，该县人事和劳动社会保障局将刘某的档案归为无头档案处理，致使刘某失业16年半之久。恢复工作后，刘某就此问题多次向某县人事和劳动社会保障局及相关部门要求赔偿损失及合理待遇时，均遭拒绝。

释解

刘某以某县人事和劳动社会保障局未正确履行行政职责，没有妥善保管其人事档案，致其工作长期未予安排为由，诉请要求该县人事和劳动社会保障局为其落实相关待遇，该诉请涉及其工作人事关系的建立、变更，属于人事争议。《人事争议处理规定》规定 ：“人事争议发生后，当事人可以协商解决 ；不愿协商或协商不成的，可以向主管部门申请调解 ；不愿调解或调解不成的，可以向人事争议仲裁委员会申请仲裁。当事人对仲裁裁决不服的，可以向人民法院提起诉讼。” 刘某起诉前，就其主张未经人事争议仲裁委员会仲裁。

最终，法院依法裁定不予受理。

第三节　档案的利用和公布

通过数年来的努力，我国档案开放与利用工作取得了长足进步，也步入了法制化道路，根据《中华人民共和国档案法》第十九条的规定，国家档案馆保管的档案，一般应当自形成之日起满三十年向社会开放 ；中华人民共和国公民和组织持有合法证明，可以利用已经开放的档案。《中华人民共和国档案法实施办法》第二十二条规定，中华人民共和国公民和组织，持有介绍信或者工作证、身份证等合法证明，可以利用已开放的档案。以上的规定一方面促进了档案馆开放档案的进程，另一方面为我国公民顺利合法地利用已开放档案提供了法律依据。这种规定不仅满足了人们对于档案的利用需求，同时使档案信息资源得到有效利用。档案法第四章也对档案的利用和公布作了明确的规定。

一、档案利用

档案法明确规定了中华人民共和国公民和组织持有合法证明，可以利用已经开放的档案，也可以根据经济建设、国防建设、教学科研和其他工作的需要，按有关规定利用档案馆未开放的档案以及有关机关、团体、企业事业单位和其他组织保存的档案。

（一）档案利用的主体

根据档案法及档案法实施办法的规定，利用档案的主体既包括我国公民个人和机关、团体、企业事业单位或其他组织，也包括台湾和港澳同胞、海外侨胞以及外国人和组织。

（二）档案利用的形式

根据法律规定，利用档案的形式主要有以下几种：第一，阅览，就是利用者到档案馆内专设的接待室查阅其所需要的档案原件或缩微品、复制件；第二，复制，就是根据利用者所利用的档案内容，由档案馆通过摄影、复印、拓印、打字等方法为其复制档案原件，供利用者利用；第三，摘录，就是利用者在档案馆利用档案过程中，将其中所需的部分誊抄下来以供自己查证、研究之用。

（三）利用档案的法定程序

档案分为已经开放的档案和未开放的档案，不同档案的利用程序是不同的。

1. 已开放档案的利用

根据档案法的规定，依法利用已开放的档案是公民或者法人的一项民主权利，档案馆应当为档案利用创造条件、简化手续、提供方便，做好开放档案的提供利用工作也是档案馆的法定义务。依照档案法和档案法实施办法以及《外交部档案馆开放档案暂行办法》的有关规定，不同的主体利用我国已开放的档案分别适用不同程序。（1）中华人民共和国的公民和组织，凡是持有合法证明，均可以到各级各类档案馆利用已开放的档案，有提供利用义务的单位不得拒绝提供利用。这里的合法证明，一般是指单位介绍信、工作证、居民身份证、学生证等合法证件，公民或者组织利用已开放的档案，只要有以上合法证件之一即可。（2）台港澳同胞和华侨利用国内已开放档案的程序分两种情况，第一，查取本人及其亲属档案，可持本人回乡证或身份证等有效证件直接到有关档案馆利用；第二，利用其他档案须持有我国境内的有关国家机关的介绍信等合法证明，并经其前往的档案馆同意，这里的有关国家机关指负责台港澳事务，外事事务，统战、安全、保密等事务的国家机关。（3）外国人或组织凡要求利用我国已开放的档案，必须经我国有关主管部门的介绍和经其前往的档案馆的同意，这里的有关主管部门指的是我国负责外事工作的部门或接待单位的主管部门。

2. 未开放档案的利用

档案法和档案法实施办法等对于未开放档案的利用也做了规定，对于保存在各级各类档案馆的未到法定开放期限的档案，利用者如果要求利用，应符合以下条件：(1) 利用主体必须是我国的国家机关、团体、企业事业单位和其他组织以及公民个人；(2) 确为经济建设、国防建设、教学科研和其他各项工作的需要；(3) 须遵守国家制定的利用未开放档案的办法及规定；(4) 须经保存该档案的档案馆同意，必要时还须经有关的档案行政管理部门审查同意。

档案馆对利用未开放的档案一般应严格手续。利用未开放档案的具体规定只能由国家档案局会同其他主管机关（如保密部门或档案的原形成单位等）制订，其他任何部门无权制订有关利用我国未开放档案的规定。机关、团体、企业事业单位和其他组织内的档案机构所保存的尚未移交档案馆的档案，本单位因工作需要可以利用，本单位以外的中国公民和组织如需要利用，必须经过档案保存单位的批准。

二、档案的公布

依照档案法实施办法规定，凡已开放的档案，任何人和组织都有权合法利用，但利用者只有利用权而无公布权。而档案公布的意义在于只要档案内容一公布，全社会都可以利用，而利用者利用已公布了的档案内容，自然不再涉及公布权的问题，但如果利用的是尚未公布的档案，利用者未经批准则不得以任何形式予以公布。

（一）档案公布的形式

档案法实施办法第二十三条列举了公布档案的七种形式：第一，通过报纸、刊物、图书、声像、电子等出版物发表；第二，通过电台、电视台播放；第三，通过公众计算机信息网络传播；第四，在公开场合宣读、播放；第五，出版发行档案史料、资料的全文或者摘录汇编；第六，公开出售、散发或者张贴档案复制件；第七，展览、公开陈列档案或者其复制件。

凡符合上述七种形式的，都属于公布档案的行为，国家授权的档案馆或者有关机关依此七种形式公布档案的行为是合法的行为。无权公布档案的单位和个人，未经授权或批准，以其中任何一种形式公布档案，均构成违法行为。当然，对于利用者利用已开放的档案作为某种证明，或者利用者经档案馆同意在其著作中摘引所利用的档案的主要内容，一般不认为是擅自公布档案的行为。

（二）档案公布的权限

根据档案的不同性质，对公布档案的主体也有不同要求。

1. 国家所有档案的公布

根据档案法的规定，属于国家所有的档案，保存在档案馆的，由档案馆公布，必要时档案馆应事先征得档案形成单位的同意或者征得档案形成单位的上级主管机关同意。保存在各单位档案机构的，如果是已到了开放期限但尚未向有关档案馆移交的，由各该单位公布，必要时由本单位报请上级主管机关同意。这一规定里的“必要时”，是指档案馆保存的档案或各有关单位档案机构保存的尚未向档案馆移交的档案，如果已到开放期限，但因其中涉及到一些国家重大利益或公民个人隐私等内容，档案馆或各有关单位不能决定是否应当向社会开放，这时就应当征求档案原形成单位的意见或者报经其上级主管机关同意。

2. 集体、个人及其他不属于国家所有档案的公布

属于集体所有、个人所有以及其他不属于国家所有的对国家和社会具有保存价值的档案，由档案的所有者公布，但在公布时应当遵守《中华人民共和国国家秘密法》及其实施办法等法律法规的规定，同时不得损害国家的、社会的、集体的和其他公民的利益。

3. 寄存档案的公布

档案法实施办法规定，公布、利用、寄存档案应当征得档案所有者同意。按照我国民法的有关规定，就寄存档案来说，它只是寄存人将该档案的占有权暂时交给档案馆，其所有权并未发生实际上的转移，所有权仍属于寄存者。档案馆作为接受寄存的单位，应当依法保护寄存者的合法权利，只能代为保管，在没有征得寄存人同意的情况下，不能自行决定该档案是否可以公布。如果认为有必要公布寄存档案，应当与寄存者协商，征得档案所有者同意，并按照法律、法规的规定办理。

（三）档案公布存在的潜在问题

档案法实施办法规定了“利用、公布档案，不得违反国家有关知识产权保护的法律规定”的内容。很显然，这一规定是为了适应新形势下档案工作发展的实际和出现的一些客观情况，充分考虑到了档案工作知识产权问题的矛盾碰撞，体现了国家在利用、公布档案时对知识产权保护的重视。

著作权法第二十一条规定：公民作品著作权的保护期为作者终生及其死亡后五十年的12月31日，法人或者其他组织的作品的著作权（署名权除外）保护期截止于作品首次发表后五十年的12月31日。由此看来，公布档案涉及到的有关知识产权保护主要是著作权问题，对仍处于著作权法保护期限的档案的利用和公布，就不能笼统地适用档案法规定的各级国家档案馆保存的档案满二十年向社会开放的规定，而应当视情况适当延期开放，或依照著作权法的有关规定执行。当然，

著作权法也规定了例外情况。根据著作权法第二十二条的规定，档案馆为陈列或者保存版本需要，复制本馆收藏的作品，属于合理适用范围。除此之外，档案馆在公布这类档案时，要考虑著作权保护问题，自觉遵守著作权法的规定，同时也要主动向利用者宣传有关规定。

国家档案局发布的《各级国家档案馆开放档案办法》第十一条规定："各级国家档案馆保存的档案，其公布权属于档案馆以及国家授权的有关单位。利用者摘抄、复制的档案，如不违反国家有关规定，可以在研究著述中引用，但不得擅自以任何形式公布。利用者在著述中节引档案内容，均应注明档案的收藏单位和档号。档案馆鼓励利用者向其赠送利用档案拟写的著述或其他学术成果。"即由各级国家档案馆保管的档案，公布权属于保管该档案的档案馆以及国家授权的相关单位，在不违反国家相关法律法规的情况下，利用者可以将其摘抄、复制的档案信息引用到其研究著作中，但是不得擅自以任何形式公布。

虽然在我国的档案法律法规中还没有将含有隐私的档案的开放期限延长的规定，但是我们应该意识到推迟涉及隐私的档案开放期限，这样既有利于隐私关联人的隐私保护，又可以明确开放领域档案的利用权限。这样，在档案开放、公布与利用过程中，少数研究人员利用档案材料写成的作品公开出版后引起个人隐私纠纷的，一旦诉诸法庭也就有了可依据的法律规范来及时解决。当然，保护个人隐私也不是无条件的。如果某个公民的情况关系到公众利益，他的个人信息就不属于隐私权保护范围，公众就可以依法获取。此外，政府部门专为国家安全、刑事侦察、司法管理、国家税收等目的采集和持有个人信息，依法享有特殊权利。这是国家利益与个人利益相冲突时应将国家利益置于首位的原则要求的结果，所以在重视个人隐私的保护同时，更要兼顾国家的根本利益，这样才不会在档案工作中迷失方向。

三、档案利用与档案公布的区别

我国现行法律法规对于档案利用与公布的规定主要存在于档案法与档案法实施办法中，根据档案相关法律法规的规定，档案的利用与公布在许多方面都有差别。

（一）档案利用与档案公布的主体不同

档案法第十九条、第二十条和第二十二条对享有档案利用权以及公布权的主体进行了限定。档案法第十九条规定"中华人民共和国公民和组织持有合法证明，可以利用已经开放的档案"；第二十条规定"机关、团体、企业事业单位和其他组织以及公民根据经济建设、国防建设、教学科研和其他各项工作的需要，可以按照有关规定，利用档案馆未开放的档案以及有关机关、团体、企业事业单位和其他组织保存的档案。利用未开放档案的办法，由国家档案行政管理部门和有关主管部门规定”；第二十二条规定“属于国家所有的档案，由国家授权的档案馆或者有关机关公布；未经档案馆或者有关机关同意，任何组织和个人无权公布。集体所有的和个人所有的档案，档案的所有者有权公布，但必须遵守国家有关规定，不得损害国家安全和利益，不得侵犯他人的合法权益”。

根据以上介绍的法律规定可以看出，国有档案的利用主体可以是我国公民、机关团体、企事业单位和其他组织，而其公布主体只能是相关档案馆和机关单位。若无授权，利用国有档案的单位和个人均无权公布档案，档案所有人在不损害国家、社会、集体和其他公民的利益时对其所有的档案享有档案公布权。

（二）档案利用与档案公布的行为内容不同

档案法实施办法对档案利用与档案公布这两种行为进行了明确的定义，第二十二条规定“档案法所称档案的利用，是指对档案的阅览、复制和摘录”；第二十三条解释了档案公布“是指通过下列形式首次向社会公开档案的全部或者部分原文，或者档案记载的特定内容：（一）通过报纸、刊物、图书、声像、电子等出版物发表；（二）通过电台、电视台播放；（三）通过公众计算机信息网络传播；（四）在公开场合宣读、播放；（五）出版发行档案史料、资料的全文或者摘录汇编；（六）公开出售、散发或者张贴档案复制件；（七）展览、公开陈列档案或者其复制件”。

综上所述，在我国现有法律框架下，档案的利用与档案的公布主体不同，档案利用权与公布权的行使方式也不同。相对于档案利用权与公布权合一的立法模式而言，我国属于档案利用权与公布权分离的立法模式。

第六章

档案保密制度

导读

新形势下的保密管理工作，主要是以规范定密为基础，以信息系统为重点，以涉密人员规范化教育管理为核心，以国家秘密载体全过程管理为抓手的人防、物防、技防相结合的综合防范体系。

第一节　国家秘密的范围和密级

经十一届全国人大常委会十四次会议修订通过的《中华人民共和国保守国家秘密法》已于2010年10月1日起施行。无论是修改前还是修改后的法律，都没有改变对国家秘密概念的界定。保密法第二条规定："国家秘密是关系国家安全和利益，依照法定程序确定，在一定时间内只限一定范围的人员知悉的事项。"

在对照式定密体制下，国家秘密的范围和密级显得尤为重要，将直接影响到定密工作的准确性、科学性。我国国家秘密的范围和密级可以分为两个层级：第一层级是基本范围和密级，主要由保密法和保密法实施办法的规定组成；第二层级是具体范围和密级，主要由国家保密局会同各职能部门制发的规范性文件构成。

一、国家秘密的基本范围

保密法第九条规定："下列涉及国家安全和利益的事项，泄露后可能损害国家在政治、经济、国防、外交等领域的安全和利益的，应当确定为国家秘密：（一）国家事务重大决策中的秘密事项；（二）国防建设和武装力量活动中的秘密事项；（三）外交和外事活动中的秘密事项以及对外承担保密义务的秘密事项；（四）国民经济和社会发展中的秘密事项；（五）科学技术中的秘密事项；（六）维护国家安全活动和追查刑事犯罪中的秘密事项；（七）经国家保密行政管理部门确定的其他秘密事项。政党的秘密事项中符合前款规定的，属于国家秘密。"虽然本条规定对国家秘密的范围做了比较详细的规定，涵盖了政治、经济、外交、国防、科技、社会发展等各项事业，但是还是存在一些交叉、重叠或界定不清的问题需要解决。

（一）有的秘密事项的规定不合理

保密法第九条第六款关于"追查刑事犯罪"的规定，考虑到在追查刑事犯罪的过程中将某些信息公开可能会影响最后办案的结果不予公开情有可原，但是这些不宜公开的信息是否有必要被划入国家秘密的范围仍值得商榷。我国刑法只是在分则第一章规定了危害国家安全的犯罪，也就是说，其他的刑事犯罪是不会威胁到国家安全的，那么追查这些刑事犯罪的事项就不应当被列为国家秘密。

（二）有的秘密事项在内容上存在交叉、重叠

仔细观察保密法规定范围内的七个事项，不难发现，其中的很多事项会出现重叠现象，比如"国家事务重大决策中的秘密事项"就包含了几乎之后的所有事项，这就是一个严重的内容重叠现象。而这种交叉、重叠的状况削弱了划分国家秘密基本范围事项的意义，也凸显出基本范围事项划分的混乱无序。

（三）对一些秘密事项的描述范围过宽，规定内容不明确

这一严重失误可能导致一些不该被规定为秘密的事情被划定进保密范围，甚至使一些本应该公开的信息成了不能被公开的秘密，比如规定中的"国民经济和社会发展中的秘密事项"。国民经济和社会发展问题本来就是与人民息息相关的问题，如果很随意地将其列为秘密的行列，人民就不能及时了解到与自己有着莫大关系的事项，这样会在应定程度上造成人民对国民经济与社会发展政策的误解。

二、国家秘密的具体范围

国家秘密及其密级的具体范围，是由国家保密行政管理部门分别会同外交、公安、国家安全和其他中央有关机关规定的。军事方面的国家秘密及其密级的具体范围由中央军事委员会规定。

现行有效的关于国家秘密的具体范围的规范性文件有很多，几乎涉及国家事务的各个领域，它们才是在我国保密工作的具体实践中真正发挥作用的工具。但是不难发现，这些规定仍存在一些问题。

第一，几乎各个领域都有自己的《国家秘密及其密级具体范围的规定》。看似这些规定为我国的保密事业做出了巨大贡献，但是有些领域的《国家秘密及其密

级具体范围的规定》的存在并不合理。在一些关键领域规定一些具体内容很有必要，但是在有的领域规定类似内容未免有些画蛇添足。

第二，有些行业的《国家秘密及其密级具体范围的规定》的规定与其他法律法规相冲突。例如政府信息公开条例规定突发公共事件的应急预案、预警信息及应对情况属于政府应当主动公开的重点信息，根据突发事件应对法和突发公共卫生事件应急条例的规定，突发事件包括“自然灾害、事故灾难、公共卫生事件和社会安全事件”，重大传染病疫情属于公共卫生事件，属于政府应主动公开的重点信息。但是在《卫生工作中国家秘密及其密级具体范围的规定》中，“普发性大流行的甲类传染病疫情”属于秘密级事项；根据《卫生部关于〈卫生工作中国家秘密及其密级具体范围的规定〉说明》的内容，普发性大流行的甲类传染病疫情无疑是重大传染病疫情的一种。由此引发的冲突是：一方面重大传染病疫情可被合理推知属于政府信息公开的重要事项，但另一方面属于重大传染病疫情的普发性大流行的甲类传染病疫情却又被认定为秘密级事项而不予公开，二者相互矛盾。虽然在实践中可以根据效力等级的高低对法律规范的适用做出选择，而且保密法也明确规定了“法律、行政法规规定公开的事项，应当依法公开”。但隐藏在这些规范性文件中与现行其他法律法规相冲突的规定仍然值得引起重视。

三、国家秘密的密级

国家秘密的等级，是按照国家秘密事项与国家安全和利益的管理程度，以泄露后可能造成的损害程度为标准，对国家秘密做出的等级划分。国家秘密的密级规定在保密法第十条：“国家秘密的密级分为绝密、机密、秘密三级。绝密级国家秘密是最重要的国家秘密，泄露会使国家安全和利益遭受特别严重的损害；机密级国家秘密是重要的国家秘密，泄露会使国家安全和利益遭受严重的损害；秘密级国家秘密是一般的国家秘密，泄露会使国家安全和利益遭受损害。”通过对泄露国家秘密所造成的不同损害程度的评估，将国家秘密分为不同的密级，从而决定不同的保密期限，这是一种科学的管理和保护方法。在国家秘密的保密期限上，密级不同也会有不同的规定，绝密级不超过三十年，机密级不超过二十年，秘密级不超过十年。

以案释法 17

朱某盗窃国家重要机密案

被告人朱某于1987年以前三次参加全国高等学校招生考试，均因成绩差而未被录取。1987年6月24日凌晨3时左右，朱某翻墙跳入某印刷厂院内，用铁钎撬开印刷车间西侧五个窗户的铁丝网，撬下窗户玻璃，盗走1987年全国高等院校招生考试的生物、数学、政治试题印刷版七块。朱某将这些印刷版拿回家中后，企图复印未得逞。后在其兄的规劝下，朱某将四块印刷版扔回印刷厂院内，其余三块被朱某砸碎。6月25日晚，朱某在其兄陪同下到派出所投案自首。

释解

被告人朱某盗窃全国高等学校考试题印刷版的行为严重违反了国家保密法规，影响了国家正常的高考秩序，应依法追究其刑事责任。朱某作案后能投案自首，可以从轻处罚。

最终，法院依法判决：以盗窃国家重要机密罪，类推判处被告人朱某拘役六个月。

以案释法 18

孙某、伍某故意泄露国家秘密案

被告人孙某在担任某统计局办公室局长秘书室副主任及局领导秘书期间，于2009年6月至2011年1月，违反国家保密法的规定，通过MSN聊天工具先后多次将某统计局尚未公布的涉密统计数据共计二十七项透露给某证券股份有限公司工作人员付某。上述统计数据中，有十四项为机密级国家秘密，有十三项为秘密级国家秘密。

释解

被告人孙某身为国家机关工作人员，违反保守国家秘密法的规定，故意泄露国家秘密，情节特别严重，其行为已构成故意泄露国家秘密罪，应依法惩处。到案后，被告人孙某如实供述自己的罪行，认罪态度较好，依法可从轻处罚。

最终，法院依法判决：被告人孙某犯故意泄露国家秘密罪，判处有期徒刑五年；在案扣押物品电脑两台、无线上网卡一个予以存档保存，某牌移动硬盘一个发还被告人孙某。

第二节　保密工作具体法律规定

一、保密法律

保密法律是由全国人大及其常委会制定的法律。在保密法律中，存在着根本法、专门法以及相关法律的区别。

（一）根本法

宪法是国家的根本大法。《中华人民共和国宪法》第五十三条的保密规定是整个保密法律制度的母法，具有最高的法律约束力。我国现行宪法第五十三条明确规定了“中华人民共和国公民必须遵守宪法和法律，保守国家秘密”。

（二）相关法律

一方面是指保守国家秘密的专门法律，这是保密法律规范的基本表现形式，即狭义的保密法。《中华人民共和国保守国家秘密法》是制定一切保密法规、规章和具体保密制度的基本依据，在整个保密法律法规体系中起主导、决定作用。另一方面是指我国基本法律中的有关保密法律规范。如刑法、专利法、档案法、国家安全法以及《全民人民代表大会常务委员会关于惩治泄露国家秘密犯罪的补充规定》等法律中的有关保密法律规定，是保密法律的重要组成部分。

二、保密法规

保密法规是由国务院、地方人大及人大常委会、民族自治机关和经济特区人大制定的规范性文件。保密法规是保密法律体系的重要组成部分，大量的保密法律规范都是以这种形式表现出来的。保密法规包括行政法规和地方性法规。

（一）保密行政法规

保密行政法规，是由国务院制定的，包括《中华人民共和国保守国家秘密法实施办法》《中华人民共和国专利法实施细则》《中华人民共和国档案法实施办法》等法律实施办法中的有关保密规定，以及国务院制定或批准的《国家科学技术奖励条例》等其他单行的行政法规中的有关保密规定。

（二）保密地方性法规

保密地方法规是由地方人大及常委会、民族自治机关和经济特区人大制定的，包括省（自治区、直辖市）人大或其常委会制定的只在本行政区域内适用的保密法实施细则、省人大或其常委会制定的其他地方性保密法规以及其他地方性法规中的有关保密规定。

三、保密规章

保密规章，主要指国务院组成部门及直属机构，省、自治区、直辖市人民政府及省、自治区政府所在地的市和经国务院批准的较大的市人民政府，在它们的职权范围内，为执行保密法律法规需要制定的事项或属于本行政区域的具体行政管理事项而制定的规范性文件。保密规章分为国务院部门规章和地方政府规章。

四、保密法律、法规、规章的关系

保密法律、法规、规章共同构成我国保密法律体系的框架，是我国保密法律体系的重要组成部分。保密法律是由全国人民代表大会或全国人民代表大会常务委员会制定颁布的，是我国保守国家秘密工作最高效力的规范性文件，也是其他保密法规、规章赖以制定的依据，保密法规、保密规章不得与之相抵触。保密法规是保密法律体系的主要表现形式，其地位和效力低于保密法律，高于各级地方国家权力机关制定的保密规范性文件。保密规章也是保密体系表现的形式之一，其效力低于保密法律和保密法规。所以，即使有关保密的法律法规有很多，但是他们大体上都是必不可少的，在各个环节发挥着他们应有的作用。

以案释法 19

兰某、李某窃取国有档案案

1999年12月，某县人民法院为做好档案达标工作，重新装订已归档的案件卷宗。被聘用参加此项工作的王某（系胡某的亲戚）将准备重新装订的二十七册卷宗（内有刑事案卷二十五册、执行案卷二册）放在该法院图书室内。被告人兰某、李某借机盗出这些卷宗，由兰某谎称“废纸”送往周某家存放。事后，兰某、李某草拟了一封信，打印数份发往有关部门，控告胡某用人不当致使法院案卷丢失，胡某还在事后包庇丢卷人王某。2000年12月，兰某、李某得知公安机关已着手侦查县人民法院档案丢失一事，遂将藏匿在周家的案件卷宗取走，丢弃在该县法院门口的某理发店屋顶后事发。2001年1月8日，经李某指认，公安机关将丢弃的案卷追回。经该县保密局鉴定，被盗的二十七册卷宗中，含绝密级的卷宗二卷，秘密级的卷宗四卷。

释解

刑法第二百八十二条第一款规定：“以窃取、刺探、收买方法，非法获取国家秘密的，处三年以下有期徒刑、拘役、管制或者剥夺政治权利；情节严重的，处三年以上七年以下有期徒刑。”此条规定的非法获取国家秘密罪，是指以窃取、刺探、收买等方法，非法获取国家秘密的行为。本案被告人兰某、李某窃取的人民法院诉讼档案中，有绝密级卷宗二卷，秘密级卷宗四卷，一行为竞合了窃取国有档案罪与非法获取国家秘密罪。

最终，法院依法判决：被告人兰某犯窃取国有档案罪，判处有期徒刑五年；被告人李某犯窃取国有档案罪，判处有期徒刑三年，缓刑五年。

第三节　保密工作监督管理

保密法第四十二条对保密监督管理的主要职责做了规定：“保密行政管理部门依法组织开展保密宣传教育、保密检查、保密技术防护和泄密案件查处工作，对机关、单位的保密工作进行指导和监督。”

上述规定中的“依法组织开展”，是指保密行政管理部门依照保密法律法规，提出有关工作规划，部署安排工作任务，督促落实工作措施，并协调解决有关问题。保密行政管理部门的指导、监督，是指督促机关、单位按照“谁主管谁负责”的原则，贯彻执行党和国家保密工作方针政策，落实保密法律法规规定，履行保密工作各项职责，抓好保密工作落实，而不是替代机关、单位开展具体工作。“指导”主要包括制发文件、召开会议、教育培训、提供咨询、提出工作意见和建议等方式；“监督”主要包括督促、检查、调查、考核或者评估等方式。针对当前保密工作的新情况新问题，特别是机关、单位保密工作力量普遍比较薄弱的现状，保密行政管理部门应当不断加大工作力度，进一步加强对机关、单位保密工作的指导和监督，切实提高机关、单位保密工作水平。

保密工作的监督管理分为四个部分，一是报告制度，二是保密检查，三是泄密查处，最后是密级鉴定。

一、报告制度

保密工作监督管理中报告制度有两种，一是保密工作情况报告制度，即要求机关、单位向同级保密行政管理部门，下级保密行政管理部门向上级保密行政管理部门报送年度保密工作情况；二是泄露国家秘密事件的报告制度，即要求机关、单位发现国家秘密已经泄露或者可能泄露的，应当立即采取补救措施，24小时内向同级主管部门报告。

二、保密检查制度

保密检查是保密行政管理部门对贯彻执行党和国家保密工作方针政策、保密法律法规情况进行监督管理的主要手段。保密法第四十四条规定："保密行政管理部门对机关、单位遵守保密制度的情况进行检查，有关机关、单位应当配合。保密行政管理部门发现机关、单位存在泄密隐患的，应当要求其采取措施，限期整改；对存在泄密隐患的设施、设备、场所，应当责令停止使用；对严重违反保密规定的涉密人员，应当建议有关机关、单位给予处分并调离涉密岗位；发现涉嫌泄露国家秘密的，应当督促、指导有关机关、单位进行调查处理。涉嫌犯罪的，移送司法机关处理。"

根据保密法规定，组织开展保密检查是保密行政管理部门的职责，配合保密行政管理部门的检查是机关、单位的义务。配合是指机关、单位应如实提供遵守保密制度的情况，为保密行政管理部门开展保密检查提供人员协助、设备支持和工作场所等必要的工作条件，接受保密行政管理部门提出的工作意见和建议，认真落实整改措施等。

保密行政管理部门对检查中发现的违规、泄密问题，应当根据不同情况采取不同的处理方式。一是限期整改，发现机关、单位制度建设不完善，涉密人员、涉密载体和涉密信息系统保密管理不严格，人防、物防、技防措施不到位，可能使国家秘密接触、知悉范围扩大或者失去控制的，保密行政管理部门应当要求其采取纠正、补救措施，提出整改意见、明确整改要求和整改期限，并根据整改情况决定是否进行复查。二是责令停止使用，发现机关、单位处理涉密信息的设施、设备、场所不符合国家保密标准，技术防护没有达到保密要求，存在明显的泄密隐患和漏洞，继续使用将导致国家秘密失控或者泄露的，保密行政管理部门应当立即责令停止使用，予以封存，需要技术核查取证的可以暂予扣留。三是建议处分并调离，发现机关、单位有关涉密人员违反保密规定的，保密行政管理部门应当及时提出处分建议；对情节严重不适合在涉密岗位工作的，还应当建议机关、单位将其调离涉密岗位。四是督促、指导查处工作，发现涉嫌泄露国家秘密的，保密行政管理部门应当要求有关机关、单位开展调查处理工作，及时听取案件查处情况汇报，组织进行密级鉴定和危害评估，督促对责任人员作出处理，并指导制定和监督落实整改方案；对重大泄密案件，或者跨地区、跨部门、跨领域的泄密案件，保密行政管理部门应当组织有关机关、单位共同调查处理。五是将涉嫌犯罪的泄密人员移送司法机关，保密行政管理部门经调查认为涉嫌犯罪的，应当依法移送有关机关。

国家保密局出台的《保密检查工作规定》第三章第十条规定了保密检查的内容，即"（一）保密工作责任制落实情况；（二）保密制度建设情况；（三）保密宣传、教育、培训情况；（四）涉密人员管理情况；（五）国家秘密确定、变更和解除情况；

（六）国家秘密载体管理情况；（七）信息系统和信息设备保密管理情况；（八）互联网使用保密管理情况；（九）保密技术防护设施、设备配备使用情况；（十）涉密场所及保密要害部门、部位保密管理情况；（十一）涉密会议、活动和涉密货物、工程、服务采购等项目管理情况；（十二）信息公开保密审查情况；（十三）保密检查工作开展情况；（十四）违反保密法律法规行为查处情况；（十五）保密组织机构设置和人员配备情况；（十六）保密法律法规规定的其他检查内容。”

根据上述规定，保密检查的对象主要是机关、单位，检查内容主要包括保密工作责任制落实、制度建设、宣传教育、定密工作、保密要害部门管理、国家秘密载体管理、涉密人员管理、重大活动和项目保密管理、保密技术防范、泄密案件查处等情况。保密检查的形式主要有综合检查与专项检查，定期检查与不定期检查等。为应对高技术窃密的威胁，必须加大技术检查力度，提高保密检查的科技含量，加强对涉密载体、涉密信息设备、涉密信息系统和涉密场所等的检查力度。

三、泄密案件查处

泄密案件查处是依法对涉嫌泄露国家秘密的违法、违纪行为进行调查核实，组织进行密级鉴定和危害评估，对涉及的责任人员进行处理，对发现的泄密隐患和漏洞采取有针对性整改补救措施的执法活动。查处工作的主要环节包括立案、调查、处理和结案。在立案环节，应对领导批办、检查发现、机关和单位报告、群众举报、有关部门移送的涉嫌泄露国家秘密的线索和案件进行审核，作出是否进行调查和处理的决定。在调查环节，应查明泄密原因、确定泄密责任人、进行技术核查取证、进行密级鉴定和危害评估，及时采取补救措施。同时，对泄密机关、单位提出整改要求。

在处理环节，应在查清泄密案件事实的基础上，根据违法违纪行为的性质和情节，督促有关机关、单位对泄密责任人作出处理，涉嫌构成犯罪的，依法移送检察机关、公安机关或者国家安全机关追究刑事责任。

结案是泄密案件查处工作的最后一个环节，保密行政管理部门对已经落实整改措施、有关责任人员受到处理的，或者涉嫌构成犯罪移送检察机关、公安机关或者国家安全机关的，应依法结束案件调查，按照有关规定建立案件档案。保密行政管理部门可以根据需要，在一定范围内对泄密案件情况进行通报，充分发挥泄密案件的警示教育作用。

四、密级鉴定

为提高机关、单位定密的准确性、规范性，保密法第四十三条规定：“保密行政管理部门发现国家秘密确定、变更或者解除不当的，应当及时通知有关机关、单位予以纠正。”

在本条规定中的“国家秘密确定、变更或者解除不当”主要有五种情形：一是权限不当，即没有定密权的机关、单位定密，或者有定密权的机关、单位超出权限范围定密；二是依据不当，即未按照有关保密事项范围定密，如保密事项范围明确规定应当定密而没有定密，或者与保密事项范围规定的密级、保密期限明显不符；三是程序不当，即未按照保密法律法规规定的定密程序定密，如定密未经定密责任人审核批准，密级、保密期限、知悉范围变更后未及时书面通知；四是内容不当，即在确定密级时未同时确定保密期限和知悉范围；五是标志不当，即国家秘密标志不完整、不规范。保密行政管理部门对查实的定密不当问题，要及时发出纠正建议书，限期纠正。有关机关、单位接到纠正通知后，应当及时改正。

所以，依照法律规定，保密行政管理部门应当加强对机关、单位定密工作的监督。一是加强检查，将定密工作情况纳入保密检查范围，通过组织定密工作专项检查或抽查，及时发现和纠正机关、单位定密工作中存在的问题；二是对案件查处、密级鉴定工作中发现的机关、单位存在的定密问题，及时予以纠正；三是对机关、单位和个人反映的定密不当问题，及时进行核查处理；四是开展定密统计工作，掌握机关、单位定密工作情况。

第四节　违反保密制度的法律责任

一、严重违反保密规定行为的法律责任

保密法第四十八条规定：“违反本法规定，有下列行为之一的，依法给予处分；构成犯罪的，依法追究刑事责任：（一）非法获取、持有国家秘密载体的；（二）买卖、转送或者私自销毁国家秘密载体的；（三）通过普通邮政、快递等无保密措施的渠道传递国家秘密载体的；（四）邮寄、托运国家秘密载体出境，或者未经有关主管部门批准，携带、传递国家秘密载体出境的；（五）非法复制、记录、存储国家秘密的；（六）在私人交往和通信中涉及国家秘密的；（七）在互联网及其他公共信息网络或者未采取保密措施的有线和无线通信中传递国家秘密的；（八）将涉密计算机、涉密存储设备接入互联网及其他公共信息网络的；（九）在未采取防护措施的情况下，在涉密信息系统与互联网及其他公共信息网络之间进行信息交换的；（十）使用非涉密计算机、非涉密存储设备存储、处理国家秘密信息的；（十一）擅自卸载、修改涉密信息系统的安全技术程序、管理程序的；（十二）将未经安全技术处理的退出使用的涉密计算机、涉密存储设备赠送、出售、丢弃或者改作其他

用途的。有前款行为尚不构成犯罪，且不适用处分的人员，由保密行政管理部门督促其所在机关、单位予以处理。”

本条规定的第一款明确了保密法第二十四条、第二十五条、第二十六条列举的禁止行为的法律责任。这些违规行为是导致保密措施失效、国家秘密失控、保密技术防护体系受到破坏、国家秘密安全遭受严重威胁的最常见、最典型的行为，应当依法追究有关责任人员的法律责任。这一规定表明，不论是否产生泄密实际后果，只要发生所列举的严重违规行为之一的，都应依法追究责任。

二、机关、单位发生重大泄密案件或者定密不当的法律责任

保密法第四十九条规定：“机关、单位违反本法规定，发生重大泄密案件的，由有关机关、单位依法对直接负责的主管人员和其他直接责任人员给予处分；不适用处分的人员，由保密行政管理部门督促其主管部门予以处理。机关、单位违反本法规定，对应当定密的事项不定密，或者对不应当定密的事项定密，造成严重后果的，由有关机关、单位依法对直接负责的主管人员和其他直接责任人员给予处分。”

该条规定中的“重大泄密案件”是指符合《人民检察院直接受理立案侦查的渎职侵权重特大案件标准》规定标准的案件。“造成严重后果的”是指应当定密的事项不定密，致使国家秘密失去保护，造成泄密的；不应当定密的事项定密，严重影响信息资源合理利用，造成较大负面影响的。“直接责任人员”是指直接实施违规、泄密行为的人员。“直接负责的主管人员”是指负有直接领导责任的机关、单位负责人或者直接责任人所在部门的负责人。

三、互联网及其他公共信息网络运营商、服务商的法律责任

保密法第五十条规定：“互联网及其他公共信息网络运营商、服务商违反本法第二十八条规定的，由公安机关或者国家安全机关、信息产业主管部门按照各自职责分工依法予以处罚。”

四、保密行政管理部门工作人员的法律责任

保密法第五十一条规定：“保密行政管理部门的工作人员在履行保密管理职责中滥用职权、玩忽职守、徇私舞弊的，依法给予处分；构成犯罪的，依法追究刑事责任。”

该规定明确了保密行政管理部门工作人员不依法履行保密管理职责的法律责任，体现了权责统一的原则，有利于加强对保密行政管理部门工作人员的监督和管理，有利于强化保密行政管理部门工作人员的责任意识和自我约束，助其正确履行职责。

第七章

企业档案管理制度

导读

企业档案是企业在研发、生产、经营和管理等各项活动过程中形成的所有有价值历史记录的综合，它真实记录了一个企业的发展过程，对于促进企业发展、为企业创新提供动力源泉、维护企业经济效益和展现企业历史面貌，以及在为企业和社会沉淀知识等方面具有不可替代的作用。因此，我们应从多个角度深入了解企业档案管理制度，以期充分发挥企业档案的价值。

第一节　企业档案管理的归档

在科技发达的当代社会，企业已基本实现无纸化办公，与此相对应，企业档案也完成了由纸质向电子化的转变。那么，如何将这些种类繁多、形式多样的电子档案资源进行收集、整理、归档，运用何种手段进行整合是每一位企业档案工作者所要思考的问题。因此，建立并完善适应企业档案资源管理的归档机制显得非常重要。

一、企业电子档案应用的主要特点

（一）电子档案对设备的依赖性高

基于电子文件的特性，电子档案的存储、检索、查阅、传输等活动都离不开网络，没有特定的设备和相关的硬件、软件支持，电子档案便会失去其利用价值。

（二）电子档案易保存，易查找

与传统档案相比较，电子档案具有检索快、易存储、易查阅、易携带、可满足多人同时异地查阅等特点，并且由于电子文件具有可直接通过电脑进行修改或传输的特性，进行企业档案管理的工作人员的效率得到大大提升。

（三）电子档案易修改，存在危险因素

电子档案的出现使档案存储载体发生了很大变革，档案相关的各项工作效率都得到了飞速提升，满足了当代科技社会快速发展的要求。但新技术同样会伴随新问题的出现，在网络环境中，档案的存储和传递易受到病毒感染、木马盗取，造成信息无法查阅或被轻易修改等不良后果，且一旦遇到这类问题，很可能会直接导致档案失去保存价值的严重后果。

（四）电子档案的法律效力有待规范

目前电子档案的管理归档工作正处于起始阶段，很多企业还没把电子档案以及电子档案的管理归档工作纳入档案管理工作的轨道。由于电子档案存在易感染电脑病毒、易遭受篡改等特点，其法律意义很难辨别，要想制定出相关的法律认定条例，还需要大量的数据及资料认证。单位在管理电子档案及设计相关软件时，往往根据自身行业特点，独成管理系统。办公设备软件采用的标准不一样，造成办公资源不能分享。这一系列的问题导致了电子档案在很大程度上难以发挥其作用。

二、现行档案资源管理归档机制存在的主要问题

（一）档案资源归档管理机制不健全

档案对于任何一个企业的重要性都是不言而喻的，只有全面连续的档案才能发挥其真正的价值，而当前档案资源归档管理机制的不健全问题则导致了档案资源归集不全时有发生。例如，大多企业档案的资源来源于 OA 办公自动化系统对各项资料的收集，而 OA 办公自动化系统对资料的收集又依赖于文件主办人在办理环节中将办理文件最终资料数据以附件的方式上传至 OA 办公自动化系统中去，但在 OA 办公自动化系统的实际使用中，文件主办人却经常忽略这一点，往往不挂入附件就直接返回部门负责人办结处理，给档案工作人员造成不便，并最终造成企业档案的不全面、不连续，使企业档案内在的价值流失。这一系列的连锁反应归根结底在于档案资源管理机制的不健全给企业员工造成的误识，认为电子化的数据都不是档案，自己形成的资料只要自己知晓就行了，没有必要上传到 OA 办公平台共享给大家看。

（二）档案资源管理归档制度滞后，归档责任主体不明确

对各个企业的档案归档工作进行调查评估便可发现，档案管理水平比较落后的企业都存在档案资源管理归档制度滞后、归档责任主体不明确的问题。许多企业的档案管理制度和归档范围均是五年前甚至十年前制订的，早已不适应当前档

案管理归档需要，但企业并未对其进行更新与修正。究其原因，档案人员普遍认为档案制度、整理规则和归档范围一旦发生变化则造成单位档案全宗及其档号规则的无连续性，如上级单位没有硬性要求整改，则保持原来的编制规则为好。滞后的档案资源管理归档制度使归档工作不能发挥其应有的价值，但责任主体的不明确又使归档制度的滞后问题不能得到有效的解决，从而最终导致档案管理水平的整体落后。

（三）档案资源整合不力

档案资源整合不力是导致企业档案散乱、不连续、不全面的又一大原因。如今企业自动化、数字化、网络化办公已渗透企业生产经营管理的各个环节，而企业各个业务板块通常都有自己适用的应用系统，如何把各个业务系统所产生的档案资源整合并入档案管理系统，建立无缝连接加以整理、保存和利用，是摆在企业面前的一大难题。

三、完善档案资源管理归档机制的应对措施

（一）加强档案资源管理体系建设

档案资源的形成是企业各时期业务工作开展情况的一个体现，如果档案制度和归档范围没有得到及时更新和完善，则造成档案资源的流失，进而造成企业员工档案资源归档意识的淡薄。因此，在档案管理工作过程中，要着眼实际，贴近工作需求，不断完善档案管理和档案资源的监督管理过程，完善好档案管理的各项规章制度。在档案的日常管理工作中，为了能最大限度地保证档案归档的完整性和全面度，同时规避档案资源的丢失以及信息泄露等情况的出现，档案的归档机制要做到明晰准确，切实可行，不仅要明确档案的收集范围、流程、要求和第一责任人，而且要建立起档案收集工作目标责任制，层层落实。除此之外，若对档案的管理建立起有效合理的监督机制，对档案管理的执行情况实行实时监督，适时控制，自然会有更好的效果。当然，不同的运用对象其目的也各异，所以要因人而异、因物制宜，不同的情况下运用不同的监督措施来保证效果。

（二）拓宽渠道，保障档案资源归档的齐全和完整

1. 控制源头，把好责任部门收集的第一道关口

档案工作者可从源头入手抓档案的收集工作，要注重部门责任人的资料收集，把好第一关，严格按照归档范围进行部门资料接收。档案资源归档是档案资源管理的重中之重，也是丰富馆藏的主要渠道。

2. 抓好归档质量

档案质量是档案管理的基础和档案运用的保障，同时也决定着档案的价值。这看似简单，却是一项系统的繁杂工程，这与企业各部门的工作质量密不可分，

需要各部门认真对待，落实专人负责，并在日常的工作中定期检查、整理和复核，从而保证档案的输出符合高质、有价的需求。

3. 适时开展档案资源征集等相关活动

通过征集等活动把对企业有利用价值的档案资源接收进来，以发挥其应有的价值作用。

（三）强化档案工作的评估与考核

首先是要奖惩得当，奖优罚劣，对于工作认真细致的，要给予奖励表彰；对于工作马虎大意不够重视，造成档案价值减损的，要进行批评。同时，对档案工作要定期检查，要由专业人员进行，以便及时发现档案工作中的问题，从源头杜绝问题的出现。对于档案工作中出现的问题与困难，迅速提供帮助，切实保障档案的管理水平全面提高。

（四）加快档案资源的信息化建设

一是借助档案管理系统平台，整合各板块业务系统的档案信息资源；二是大力推广应用档案管理系统，把档案应用与归档机制延伸至企业的每个部门及每个岗位，做到人人应知应会；三是加强档案管理系统网络化管理，在保障安全保密的前提下做到在线查、调阅档案信息资源；四是加大宣传力度和对档案管理系统的升级力度，以最大限度实现其利用价值。

（五）提高档案资源管理人员的业务素质

一是要保障档案管理工作的队伍人员素质，尽量选拔优秀的人才参与到档案管理工作中，从而提升档案管理的工作水平；二是要加强现行档案工作人员的培训工作，加强他们对专业知识技能以及业务工作相关的法律法规的学习，定期组织档案管理人员座谈，交流经验，互帮互助解决工作疑难；三是要营造良好的工作氛围，让档案管理人员了解自身工作的价值，以高度的责任心和饱满的工作热情投入到工作中。

（六）完善电子档案归档管理的企业标准

国家有关部门已对电子档案的U盘、光盘等储存形式和归档方式制定了新的管理办法标准。企业单位的有关科室个人在工作中形成的电子档案种类多样，有文本形式、图片形式、数据库形式、图形形式等，将如此数量繁杂的电子档案整理、归档必须依靠有关制度约束。企业应根据有关制度结合本单位自身的实际，制定适合于本单位的电子档案归档、整理、统计、利用、保存流程的管理标准。在单位的实际工作中，要严格执行单位制定的电子档案管理标准，适当选择电子档案载体的存储方式，选择最佳的电子档案的归档方式，在选择最佳储存方式的同时还要注重对归档材料的认定以及对归档的电子储存设备定期进行维护检查等。

以案释法 20

赵某诉某市城建和交通委确认备案行为违规

赵某要求确认某市城乡建设和交通委员会对某商品房工程作出的《某市建设工程施工图设计文件审查备案书》备案行为违规并撤销一案，该市某区人民法院于2014年6月30日作出行政裁定，以该市城乡建设和交通委员会对施工图纸的备案行为不属于行政审判权限范围为由，裁定对赵某的起诉不予受理。赵某不服，提出上诉。

释解

被诉建设工程施工图设计文件审查备案行为对公民、法人或者其他组织的权利义务不产生实际影响，故上诉人对该行为提起行政诉讼不属于行政诉讼受案范围，原审裁定不予受理正确，应予维持。据此，二审法院依法裁定：驳回上诉，维持原裁定。

第二节　企业档案管理的分类与检索

一、企业档案管理的分类

企业档案是在企业各项活动中产生的，是企业各项活动的原始记录。不同类型的企业，其活动的性质、内容不尽相同，所形成的档案也各有特点。

现代企业的活动主要包括管理、技术开发、生产、销售等，企业档案就是从这些企业经营活动中产生并不断得到补充与丰富，成为企业宝贵资源的。与此同时，企业各项活动的进行和发展都离不开档案，都必须依赖档案中的各种参考与标准。与企业的各项活动相对应，企业档案从构成内容上可以分为管理性档案、科技类档案、会计销售类档案和人事类档案。管理性档案主要包括经营管理、日常行政管理、组织管理、科技与生产管理等管理性工作中形成的档案。科技类档案是指企业在产品生产、工程项目建设、科研课题的开发等工作中形成的档案，具体包括科研、产品、基建、设备等档案。会计销售类档案是指在企业销售和市场管理中所形成的档案。人事类档案是指在对企业人事管理中形成的档案材料。

企业档案管理体制是指企业档案管理组织制度和形式。企业档案管理体制可以划分为外部管理体制和内部管理体制。外部管理体制是指档案管理机关和行业主管机关对企业档案的领导和指导关系，档案内部管理体制是指档案工作在企业内部的领导关系与隶属关系和管理形式。

本节的研究对象主要是企业档案内部管理体制，也就是企业档案工作在企业内部的领导关系、隶属形式和管理形式。企业档案内部管理体制类型大体分为统一领导分级管理型、档案专业化管理型、文献信息综合管理型、档案家族式管理型。所谓统一领导分级管理，是指企业集团对整个企业的档案工作实行统一制度、监督指导，各子公司或事业部按规定管理本公司或本部的档案工作，与企业经营管理模式相对应，该类型是目前大中型企业或企业集团档案工作采取的主要组织形式。档案专业化管理，是指各公司的档案和档案部门的人、财、物由一个单位所设立的档案管理机构统一管理，实行跨公司档案的专业化管理。文献信息综合管理，是指企业实行内部信息（现行文件和档案）与外部信息（图书、情报资料等）的统一领导、组织协调及集中管理；根据计算机技术在企业文献信息管理中应用程度的不同，文献信息综合管理型又可划分为以文献信息综合为主的信息服务型和以档案、图书、情报等管理机构综合为主的组织新时期企业档案管理体制、模式的建构管理型。与统一领导分级管理型相反，档案家族式管理型是大多数私营企业的档案管理体制所采取的管理体制类型，即没有统一的档案工作管理制度、专门的档案管理机构或管理人员，而是由家族内部人员掌握与企业发展关系密切的档案，如订货单、合同、客户档案、会计档案等。

二、企业档案管理的检索

在我国档案管理制度不断发展完善的同时，企业档案管理的队伍也日益庞大。随之，在庞大的企业档案和广大企业工作人员对它特定的需求之间产生了矛盾，这种矛盾的运动和发展向检索工作提出了更高的要求，不断地推动检索工作向前发展。

为了解决庞杂的档案与特定的需求之间的矛盾，档案管理人员做出了巨大的努力，编制了各种目录、索引等检索工具。尽管档案检索技术在档案管理人员们的努力下已经有了巨大发展，但是我们也必须清楚地看到，这项工作的发展速度还较缓慢，在数量和质量上均跟不上档案发展的形势。特别是检索工具种类单一，远远不能满足企业工作人员从各种不同角度、深度、广度检索档案的需要，不能从数量庞大的企业档案中迅速、准确获得切合自己生产、工作需要的档案资料。因此必须努力编制丰富多样和科学适用的检索工具，开创科技档案检索工作的新局面。

（一）检索工具必须配套使用

为了真正满足企业工作人员的需求，检索工具不仅要种类多样，而且各类工具之间必须具有相互补充、配套使用的作用，离开这个前提，盲目追求多样化会出现检索工具重复繁琐的局面，其结果必定会浪费人力和时间。一般来讲，当企业工作人员需要查阅档案资料时，首先想到的就是利用检索工具，即现有的案卷目录、全引目录、专题目录等，因此能否迅速、全面、准确地查到所需信息可以说直接取决于检索工具的编制质量。有的档案室编制的检索工具单一，或者多种检索工具孤立运行，造成检索效率很低、漏检误检严重、无法满足利用者的多种需要的现象。为此，档案工作者在进行检索工具体系建设的过程中，不仅将档案室内有价值的档案材料都尽可能存贮进去，而且要以存贮档案的不同特点为依据树立整体观念，统观全局协调好各部分档案材料的关系，把编制工作与利用者的需要科学地结合起来。只有以综观全局、考虑周到、实现互补、便于利用为宗旨建立的检索工具，才能使利用者做到对自己所需的档案资料的及时查询，把漏检与误检降到最低限度。这样既方便利用者，又提高检索效率。一种科学的检索体系和多种检索工具之间绝不是孤立的，也不是互相重复的，而应有密切关系、互相补充、配套使用，否则将收不到预想的效果。

（二）检索工具要具有高度的准确性

检索工具的准确性是对检索工具的基本要求。所谓准确性，就是要求存储的内容准确可靠，检索出来的档案符合要求。因此，档案工作人员在编制检索工具时，必须将各种档案和实物核对准确，要求名称、数量等外形特征以及内容著录、出处均要准确。

（三）正确认识手工检索和计算机检索的关系

当前有一种观点认为：手工检索落后，计算机检索才是先进的，计算机检索完全可以替代相对落后的手工检索。诚然，随着社会信息化程度的不断提高，科学技术的日新月异，计算机检索逐步代替手工检索无疑会成为检索技术最可能的发展方向，但在目前的档案检索应用中，仍应将手工检索工具与计算机检索工具相互补充，配套使用。这就要求档案工作人员在重视计算机检索的同时不忽视手工检索工具，正确认识和处理两者的关系。

总之，企业档案检索作为档案管理的重要组成部分，其发展完善是企业现代化的要求，更是档案自身建设需要。

以案释法 21

孙某诉某区教育局档案管理案

孙某不服某区人民法院的行政裁定，提起上诉：其于1958年参加教育工作，同年8月转为国家公办教师，于1962年5月响应国家号召回到农村。后其多次要求某区教育局按国家政策恢复其教育工作者的身份和待遇，一直未得到解决。孙某遂诉至法院要求判令某区教育局承担因隐瞒其真实档案、伪造其档案，使其受到不公正待遇的法律责任，并要求该局按国家政策落实其公办教师待遇。

释解

首先，孙某认为某区教育局实施了隐瞒其真实档案、伪造其档案的行为，但未提供证据证明上述行为的存在。其次，孙某未能说明该区教育局的档案管理行为与其能否享受公办教师待遇有何因果关系。最后，根据1993年2月15日《最高人民法院关于〈行政诉讼法〉施行前法律未规定由法院受理的案件应如何处理的批复》的规定，当时的法律没有规定法院受理此类案件的，人民法院不能受理。孙某起诉所涉及的问题，属于历史遗留问题，其离开教师岗位回到农村发生在1962年5月，当时《中华人民共和国行政诉讼法》尚未施行，当时的法律并未规定人民法院可以受理此类案件，因此人民法院决定不受理该案。

第三节　企业档案的保管、鉴定与统计

一、企业档案的保管

（一）企业档案保管模式

企业档案的保管是档案管理活动的中心部分，一切档案资料的收集工作在有效保管的情况下才有意义。同时，只有档案被合理地保管，才能保证后续档案的查找、使用等工作的进行，真正发挥出档案的价值。欲对档案工作进行了解，首先应该知道档案保管模式，按照档案保管的载体种类可以将档案保管模式分为单套制、双轨制和双套制三种。

单套制是指档案只保管纸质载体或者电子载体中的一种，这种保管模式一般是档案形成载体是什么就保管什么，不进行数字化或者纸质化处理。

双轨制是指档案形成时通过纸质和电子两种方式进行审签、办理，两种载体都保管的模式，这种保管模式在档案形成时就有纸质和电子两种载体，两种载体都保管。在该种保管模式下，由于纸质文件和电子文件均为原件且都需保管，势必会给企业的档案管理部门带来双倍的工作负担，因此该种模式仅作为过渡模式被运用，运用时间比较短暂。

双套制是指档案形成前通过纸质或电子一种方式进行审签、办理，而归档保管则采取两种载体的模式。按双套制管理对象的形成方式来划分，可以分为两种：一是纸质档案数字化，随着电子文件在企业各项业务活动中的重要程度不断提升，当现行有效的纸质文件经过鉴定被确定具有数字化价值，则需经过扫描等方式将其转化为电子形式；二是电子档案纸质化，在企业的各项业务活动中会产生多种类型的电子文件，这些电子文件同时附有合法的文件生效标志，通常情况下它们通过网络以及特殊设备进行传输、存储等活动，但这些电子文件在通过鉴定后作为档案进行归档与存储时，出于稳健与安全保障的考虑，将其纸质化的双套制也正逐渐成为我国企业电子档案保管模式的主流。

尽管双套制成为我国企业电子档案保管模式的主流，其纸质与电子版档案同时归档、存储的方式使档案的保存具有更强的保障性，但双套制的运行也存在着困境。首先，双套制具有先天缺陷，双套制由于其既要保证电子档案的保存、管理和利用，又要保证纸质档案的保存、管理和利用，势必会带来超额的工作负担，对于人力、物力、财力都是一种极大的资源浪费。其次，特殊状态下难以保证纸质档案的真实性和完整性，纸质档案是电子档案的最终版本的副本，由于纸质档案无法体现电子档案的背景信息和元数据，因而有时很难证明纸质档案与电子档案完全匹配，且副本文件防伪、防扩散难以控制，很难保证纸质档案真实、完整地展现整个电子档案的所有内容和信息。再次，纸质档案与电子档案间易产生相互依赖性，双套制保管会使档案管理人产生侥幸心理，即纸质档案的管理人员认为有电子档案而忽略对纸质档案的控制和保管，电子档案的管理人员认为有纸质档案而忽略对电子档案的背景信息和元数据的收集和控制，从而导致纸质档案与电子档案数据内容的多处缺损或者难以对应的情形，使得双套制的档案管理保障目的不能最终实现。最后，并非所有的电子档案都可以纸质化，如三维数模、音频视频、数据库文件等内容无法打印成纸质档案，这些类型的档案文件在双套制中的运用问题难以解决。

关于双套制保管模式在我国的现实状况，从法律层面看，《中华人民共和国电子签名法》赋予了电子签名与传统手写签名和盖章具有同等的法律效力，但是其第三条还明确规定了电子签名不适用的四种情况。从行政规章层面看，2003年国家档案局6号令发布的《电子公文归档案管理暂行办法》第七条和2004年国家档案局和国资委联合发布的《国有企业文件材料归档办法》第二十一条规定，具有永久和长期保存价值的电子文件必须双套制保管；2012年国家档案局颁布的10号令《企业文件材料归档范围和档案保管期限规定》详细说明了对企业文件材料归档范围与保管期限的划分，对规范企业档案收集、归档、管理工作，健全档案保管体系具有重要的指导意义。从法律实务层面看，国家法律、行政法规、标准制度等虽然意识到并承认电子档案的重要性和价值，但是出于安全有效性等方面的考虑，其对电子档案还没有达到对纸质档案的认同度，使得档案机构被迫选择双套制。由此可见，档案机构选择双套制也有其“不得已的苦衷”。

（二）企业档案保管工作的新形势

1. 电子文件激增

信息技术的进步、业务信息系统的激增使得企业电子文件大量产生，企业档案保管工作应该将重心放在如何保管电子档案上，以便保证后期利用的功能和效果。

2. 企业档案保管工作更加重视服务性和效益性

企业档案保管的服务性，一方面是指档案保管要为企业的直接利用提供服务，另一方面是指档案保管的最终目的是促进企业的创新发展以及全社会的发展与进步。企业档案保管工作的效益性是指因保管档案带来的成本要小于利用档案产生的效益。随着社会的发展，越来越多的企业，特别是大中型企业不再仅仅把利润作为其追求的唯一目标，他们更多地承担起社会责任，为社会总体的发展作出贡献。在此过程中，企业档案保管工作不仅要保证档案在企业的利用，还要保证后期国家和社会的利用。面对激增的电子档案，如果全部使用双套制保管，势必会给企业带来沉重的负担。

3. 档案管理队伍结构变化

随着社会发展和教育水平的提高，很多企业都招聘了信息化管理专业人员来进行档案管理，这使得档案管理队伍不仅学历职称不断提高，专业性更是不断加强，这对企业档案的科学保管有着十分积极的意义。

4. 档案保管方式发生变化

随着信息技术、多媒体技术、网络技术的发展，企业档案保管方式特别是电子档案的保管方式发生了剧烈变化。相对于只要确保载体的原始性即可保证纸质档案的真实性，电子档案由于其系统依赖性、信息与特定载体的可分离性、信息存储的分散性等特点，使得电子档案的保管必须既要保存电子档案的内容和结构，又要保管其背景信息。而对电子档案的元数据的保存和管理则是确保电子档案真实性和原始性的有效工作和基本手段。

企业电子档案的激增、重视服务性和效益性使得企业必须去关注和思考双套制的科学性和合理性，而档案队伍结构变化和档案保管方式的变化使得企业有能力和条件去探讨和实现双套制的完善。

二、企业档案的鉴定

鉴定是企业档案工作的内容之一，对于优化档案质量，提高档案管理工作效率具有十分重要的意义。随着企业信息化的持续深入，电子文件海量产生，使档案的价值鉴定更加困难，因此必须选择合适的鉴定标准，提高鉴定人员的素质，提早介入信息系统的设计、开发和安装等工作，做好电子档案的前段鉴定。

（一）档案鉴定的涵义

《档案术语词典》为档案鉴定下的定义是："根据文件的档案价值来决定如何对其进行最后处置的档案工作基本职能，也称为评价、审查、选择或选留"。也就是说，评价、审查档案，把那些有价值的档案选择出来，留存下来。档案鉴定是围绕档案的价值进行的，必须弄清档案的价值。档案的价值是多种多样的，主要表现为给公务管理、生产经营、科学研究、维护合法权益及宣传教育等提供原始资料和查考凭据。概括地讲，档案的基本价值可归纳为凭证作用（第一价值、原始价值）和参考作用（第二价值、从属价值）两个方面。第一价值很好确定，而第二价值就非常难确定。档案区别于其他文献的本质属性在于它的"备以查考性"，即档案作为人们社会实践活动形成的具有保存价值的原始记录材料被管理起来，其首要价值就是供人们查考使用。这是档案和图书、资料的本质区别。因此，档案鉴定是企业档案工作中的一项重要工作，也是最具挑战性、难度最大的工作。

（二）档案鉴定标准

档案鉴定必须依据标准进行。档案鉴定的标准是多种多样的，例如技术标准、来源标准、文件形成特征标准、内容特征标准、时间标准、职能标准、质量标准、进馆标准、馆藏优化标准、效益标准、双重价值标准等。这些标准是从不同角度选择档案，而对于不同类型档案的鉴定也应根据其不同的特点和价值目标选择适用恰当的标准。例如，科技档案作为企业档案的核心，它的常用鉴定标准有技术标准、功能标准、典型标准、时间标准和名称标准。

（三）档案鉴定的原则

1. 不同类别的档案应采取不同的鉴定标准

例如，没有实物对象的科研档案侧重于功能标准；有实物对象的产品档案的鉴定，首先侧重于技术标准，然后是功能标准，再是对产品的生产、改进具有依据凭证作用的内容；当产品或设备不存在时，鉴定侧重于典型标准，因为这些档案代表了当时的技术水平，具有典型意义。

2. 不同阶段的鉴定使用不同的标准

在归档过程中，按照进馆标准、来源标准、保管期限表等标准，筛选档案，收集具有保存价值的档案，舍弃无保存价值的文件，并确定保管期限。在保管过程中根据需要进行各种鉴定，例如利用质量标准进行档案质量鉴定，利用开放（解密、降密）标准进行开放（解密、降密）鉴定等。超过保管期限的档案应重新进行价值鉴定，失去价值的要剔除销毁。

3. 档案鉴定是一个动态过程

档案鉴定贯穿于整个企业档案工作中，分阶段、多次进行，包括归档鉴定、进馆鉴定、开放（解密、降密）鉴定、存毁鉴定、保存中的质量鉴定等。如科技档案作为企业内最重要的档案，记录了产品的制造过程，必须经常更新换版，在修改、补充、失效后需重新鉴定，科技档案的鉴定是一个多阶段、动态的过程。同时，关于保管期限表的运用，不能一表定终身，应将保管期限表与阶段性鉴定工作结合起来最终判断一份档案的价值。

（四）档案鉴定的内容

由于纸质档案的物理载体相对稳定，信息与载体结合紧密，在一种载体上直观地反映了档案的内容、来源和结构，因此对纸质档案的鉴定工作偏重其内容鉴定，对文件所处技术状况和载体情况几乎不考虑（高龄档案除外）。而电子档案是完全虚拟的，不但表达内容的符号是虚拟的，载体也是虚拟的，它不可直接阅读，必须借助技术工具。为确保电子档案的价值，既要鉴定内容，也要鉴定技术状况，两者同样重要。技术鉴定应对电子文件各方面技术状况进行全面检查，包括对信息真实、可靠、完整和可读性的鉴定和对文件载体性能的检测。

（五）档案鉴定的时间

在纸质环境下，文件和档案的管理是分离的，档案的归档鉴定是在文件完成现行有效性后，转化为档案才进行的。

电子档案的归档鉴定在电子文件管理系统设计、开发和安装阶段，即电子文件生命周期的概念阶段。要对电子文件进行前端鉴定，并在系统中采用签署技术、加密技术、身份验证等来保证信息和电子文件“成长过程”的准确性、原始性，作为归档时检验其原始性、真实性、完整性的唯一依据和凭证。在系统中纳入并维护电子文件保管期限表，系统将文件与保管期限表对照做出判断，如果某些新文件未纳入保管期限表，导致系统暂时无法判断其保管期限时，应及时提示用户判断；对于保管期限到期的文件，系统自动提示用户以便下一步处置，通过信息管理系统构建一种基于职能分析的自动鉴定模式，自动捕获有保存价值的电子信息，实现文件与档案一体化管理。但无论是纸质档案，还是电子档案，在保管过程中，都要根据业务需要及时鉴定。

（六）档案鉴定的人员

为保证鉴定的质量，客观地评价档案价值，鉴定人员不仅要熟悉企业科研、生产的发展及长远规划，对被鉴定文件材料的性质、背景情况有比较充分的了解，而且要熟悉档案鉴定标准，掌握档案鉴定工作知识，能对文件的有效性和历史价值作比较全面准确的评估，可以全面地研究和鉴定档案的保存价值。档案鉴定必须慎之又慎，鉴定小组的意见经企业分管领导批准后，方可实施。

（七）档案鉴定存在的问题

档案是人为从原始文件中挑选出来的很少一部分，而鉴定对这很少一部分档案的取舍有着决定性作用。档案鉴定就是“为未来选择历史”，其对企业甚至整个社会未来的发展方向、发展方式以及发展效果都会产生重要的影响。而站在当前视角，任何人都不可能完全预测到未来利用者的需求，也不可能认识到档案的所有价值。受人们认知能力的限制，加上档案鉴定者人为主观的随意性，还有档案鉴定者的文化素质、知识水平等限制，即使档案鉴定标准再细致，方案措施再周密，还是不可避免地漏掉一批有价值的档案，客观上造成档案的不完整使档案的部分记忆功能丧失。

对于档案鉴定存在的上述问题，首先应强化档案工作者的鉴定意识，不断补充新的知识，提高综合业务素质，使档案鉴定工作和企业的发展创新保持同步；当企业内出现新的鉴定事项，档案部门与相关业务部门应相互配合，及时研究，制定相应的鉴定制度和标准流程，在鉴定过程中尽可能减少误判、迟判。其次，档案工作人员应充分了解电子载体容量的相对无限性，由此可利用电子载体的该种特性，对价值小的纸质档案可通过扫描形成电子图像文件，利用软件保证其真实性、可用性，作为电子文件长期保存，原件销毁；对本来就是电子形式的档案，应尽可能多地保留，作为一种知识、企业记忆永久留存，为未来的用户提供参考。

（八）企业档案鉴定管理工作的特点

目前我国大多数企业的档案整理为按件管理，按件管理的主要目的是将档案按照内容、时间的不同进行相应的归纳整理，便于提高管理效率。同时，按件管理还可以很好地节省人力资源和物力资源。

在企业档案按件管理的基础上，企业档案的鉴定管理主要分为三个层次，第一层次的主要作用是将企业全部档案中失去参考价值的档案进行剔除，便于提高档案的使用效率；为了提高档案的更新速度，还要对有保存价值的档案划分相应的保存周期，并分别按照保存周期重新按件整理，从而有效地提高档案的更新、保存、管理。第二层次在档案室进行，主要目的是审查档案的保存期限，随着企业与时俱进的发展，档案管理也要相应地进行整理；企业每年的档案量非常大，只有反复地核查档案的具体保存周期，才能提高档案的管理效率。第三层次在档案馆中进行，主要任务是定期审查工作。核查的目的是为了减少档案中的错误率，并提高档案的科学性和准确性。目前企业的档案鉴定工作主要集中在第一和第二层次。

三、企业档案的统计

档案统计是档案工作中必不可少的重要环节，它是以统计数字反映和揭示档案及档案工作中各种现象的特征和规律性的工作，是掌握与分析档案工作基本情况、研究制定档案管理与档案事业建设的方针政策和计划，实行有效监督与指导的重要依据和手段。企业档案统计大致包括企业状况、档案数量、鉴定情况、利用情况及档案部门基本情况等方面内容。企业档案部门要建立上述各种情况的登记簿，定期进行统计分析。档案统计工作涉及档案工作一定时期的基本数据，是档案行政主管部门制定有关档案工作的方针、政策，编制档案事业发展规划，开展档案学研究，进行定性与定量分析的科学依据。因此，要提升企业档案的利用效率，充分发挥企业档案的最大价值，应重视加强对档案统计工作的领导，并保证在机构、人员与资金等方面的支持。

（一）档案统计在企业档案管理中的地位

1. 档案统计有利于正确认识企业的档案管理工作

在企业发展的过程中，业务活动产生的档案信息种类繁多、较为复杂，如何更好地保证档案工作有序进行成为越来越多企业所关注的问题，而档案统计则是解决这个问题不可替代的科学手段。通过档案统计，企业在档案管理中存在的问题便可以以表格或数字的行式加以反映，使企业能够对当前存在的问题有科学的认识，从而针对档案管理中存在的问题采取有针对性的措施，不断对企业档案管理工作进行优化。

2. 档案统计有利于企业档案管理水平的有效提升

在企业档案管理的过程中，档案统计对档案管理效率的提升具有重要的发展作用。其中，档案统计会对大量档案信息进行有效的归类整理，这样才会对各个单位的不同部门有更加真实的反映，有助于档案管理人员更好地解决企业中存在的安全隐患。除此之外，档案统计会对系统信息进行一次整体性的规划与整理，然后针对档案的管理工作进行科学化的分工，保证管理工作的有序进行，使档案管理效率得到很大程度的提升，促进企业的健康发展。

3. 档案统计有利于档案管理的合理性规划

在企业运行的过程中，档案管理主要包括对档案信息的整理、采集、保管以及存档等，其他信息还需要依赖管理人员的有效编辑，而如此大的工作量对他们而言也是一个不小的挑战，这就需要工作人员结合企业的实际情况对档案管理工作进行科学的规划布局，而档案统计刚好可以更加有效地对企业档案信息的真实数量进行详细全面的反映。所以，如何更好地发挥当前档案统计在企业档案管理中的作用是档案管理的一大工作重点。

（二）企业档案统计工作存在的问题

1. 档案统计未得到充分重视

在一些企业中，档案统计工作相对于其他工作来讲，未得到充分的重视。平时无专人负责，需要时临时派人突击，致使档案统计工作在统计数据的准确性、及时性等方面存在问题。从档案统计工作的性质可知，虽然在大多数企业中，统计工作一年上报一次，但大量的档案是需要平时进行统计的，所以企业分管档案工作的领导要提高对档案统计工作重要性的认识，在制度建设、人员配备、统计质量等方面予以充分重视，严把质量关。

2. 档案统计质量亟待提高

质量是统计工作的生命，是统计工作的意义所在。目前，受多方面因素的影响，企业的档案统计工作还远未达到令人满意的程度，质量还存在较大的提升空间。数据的准确性、统计的连续性有待加强，重复统计、漏报、迟报现象仍有发生。

3. 档案统计缺乏分析

档案统计多限于数字简单组合，应付检查、总结和上报，缺乏深入分析，档案统计人员只重视用工作量反映成绩，不注意将数据转换为对档案部门整体建设有利的分析，因而难以将近期效益与长期效益结合起来进行统筹规划，使统计工作失去真正的意义。

（三）如何切实发挥档案统计在企业档案管理中的作用

1. 加强档案统计工作人员自身的素质

档案统计人员需要做好档案统计的工作，对所有的档案信息进行有效的整理与管理，所以工作人员自身的素质对于档案管理而言具有非常重要的作用。也就是说，高素质的档案统计人员需要具备一定的职业道德精神与专业统计知识，这两者同等重要。从事档案统计的工作人员要具有高度的敬业精神，还要进一步保护档案信息的完整性与真实性。统计人员要在实际工作的过程中从容面对出现的问题，积极处理。由此可见，一名优秀的统计人员能够对档案管理的健康发展起到重要的推动作用。因此，企业在进行档案管理工作的过程中一定要结合自身实际情况，适当引进优秀的管理人才，加强档案统计管理工作过程中对工作人员的培训，奖惩分明，使工作人员从思想上认识到当前档案统计工作在企业发展中的重要作用。

2. 完善档案统计体系

在现代化社会中，我国在档案统计方面的规章制度还不够完善，经常发生信息混乱或信息错误的现象，给档案管理带来难以估计的损失。所以说，档案信息一定要保证自身的准确性，即对准确无误信息的收集是当前档案管理的基本工作，假如档案信息出现了统计错误，在某种意义上就会失去档案管理的实际意义。

另外，档案管理与新闻一样需要讲究信息的时效性，从事档案统计的工作人员需要具有很强的时间观念，这样才可以更加及时地上交统计信息，促进档案信息的有效使用，避免对其他部门工作造成不同程度的影响。也就是说，要想确保工作的有序运行，首先要保证企业档案统计工作的时效性。

最后，要结合实际建立并不断完善企业档案的统计制度，这样就会起到有效的约束作用，不断提升当前档案管理工作人员对企业档案统计信息时效性与准确性的认识与掌握，实现档案管理水平的有效提升。

3. 科学合理规划企业的档案统计工作

对档案管理而言，档案统计具有不可替代的作用，也就是说企业档案管理事业在经营的过程中离不开有效的档案统计。因此，合理、科学的规划可以为企业今后的档案统计工作提供有效的发展方向，增强发展动力。由此可见，档案统计要想取得很好的发展就需要对企业档案的管理人员进行切合实际的发展规划，不断解决企业在档案统计工作中的实际问题，然后有针对性地提出切实可行的措施，根据时代的发展要求制定长远的发展目标，实现企业档案管理水平的不断提升，促进档案管理事业的进一步发展。

4. 依法开展统计工作

自档案工作情况的统计纳入国家统计指标体系后，《中华人民共和国统计法》《中华人民共和国档案法》和国家的有关规定成为档案统计工作必须遵守的国家法律，所以如实地提供档案统计资料，不虚报、瞒报、拒报，不伪造、篡改档案统计数据是企业档案统计工作的基本原则，企业应当严格践行基本原则，促进国家统计秩序的稳定，同时充分发挥企业档案统计的功能。

5. 加强企业档案部门之间的横向交流

目前，各企业在档案管理体制上处于条块分割、各自为政的状态，档案部门的信息基础设施也相对薄弱。针对这些现象，应加强企业档案部门之间的横向交流，建立企业档案研究会，将各企业每年的档案统计报表汇总，编辑成册，下发各企业档案部门，以便企业之间相互了解和交流。

6. 加快档案工作现代化建设

档案工作的现代化建设是档案事业发展的必然趋势，档案统计工作的现代化也应如此。统计工作的现代化主要是指统计工作快速进行，提供信息及时、准确，质量高，输出报表灵活多样，使档案统计工作的价值大大提升。各企业应立足本单位实际，充分认识档案统计工作不能只限于一般的数字登记和填送报表，更重要的是应该对统计资料进行加工整理，分析研究，从中发现问题并提出改进意见，为企业档案事业的发展提供有价值、前瞻性的统计分析成果，为企业档案事业的发展和领导决策服务，进而充分发挥统计工作在档案事业中的服务功能。

以案释法 22

徐某某窃取国有档案

徐某某于2012年至2013年间先后实施三次犯罪行为：

第一次，2012年5月份的一天下午，徐某某来到某县公安局A派出所找到民警张某某，以其老表徐某平遗失户籍为名，请求张某某帮忙查找该所存档的徐某平迁往南昌的迁移证。张某某便领着徐某某找到该所负责档案保管工作的付某某，之后付某某同张某某、徐某某一起进入该所档案管理室查找徐某平的迁移证，期间徐某某趁付某某和张某某不注意，将徐某平的迁移证存件从档案本中撕下藏进衣服口袋，并将该档案本登记目录内“徐某平”的名字用手指扣掉。最后，徐某某便将藏在衣服口袋中的迁移证存件撕毁、丢弃。

第二次，2013年7月份的一天下午，徐某某来到某县公安局B派出所找到所长方某某，再次以其老表徐某平遗失户籍为名，请求查找徐某平的户籍档案。方某某便让该所教导员胡某某领着徐某某到档案室查找。胡某某先将徐某某带至该所二楼档案室查找未果，后又将徐某某带至该所一楼户政大厅进行查找。徐某某趁胡某某离开之际，翻阅胡某某随手放在户政大厅柜台上的《居民身份证编号顺序码登记表》，并撕毁该表内显示1978年11月份登记有“徐某平”名字的一页。

第三次，2013年8月份，徐某某先后三次以其老表徐某平遗失户籍为名，到某县公安局C派出所查找徐某平的户籍档案未果。2013年10月份的一天，徐某某第四次来到C派出所找到民警崔某某要求查找徐某平的户籍档案，崔某某便将徐某某带至该所档案保管室进行查找。后徐某某趁崔某某离开之际，拿出已准备好的同格式的摁有指印的空白《常住人口登记表》，填上“徐某平”的户籍资料，继而利用其事先准备好的工具将这张《常住人口登记表》订进另一册档案内。

释解

徐某某先后多次秘密窃取国家机关保管的国有档案中的档案资料，并随后予以毁弃和以变造的国有档案资料存档，从而造成国有档案完整性和真实性缺失，其行为已构成窃取国有档案罪。其中，其到 A 派出所窃取户口迁移证的行为同时又构成毁灭国家机关证件罪，两罪合并应以处罚较重的窃取国有档案罪定罪处罚，公诉机关指控其罪名成立。被告人徐某某归案后承认其涉案犯罪事实，且当庭认罪，可酌情从轻处罚。

据此，法院依法判决：被告人徐某某犯窃取国有档案罪，判处有期徒刑三年，缓刑三年。

第八章

机关档案管理制度

导读

机关档案是机关行政机构从事管理活动过程中形成的真实记录。国家工作人员通过参考这些历史工作记录来预测未来工作方向、维持国家相关政策，维持社会秩序和学习工作方法，以及保持国家政策科学决策的连续性和有效性，机关档案具有凭证价值的不可替代作用。研究机关档案工作，不仅有助于国家机关规范、有效地记录和运转，也为充实综合档案馆的馆藏打好基础，为学者研究提供素材，为服务社会大众提供原始凭证，为国家积累档案财富，为提高机关档案科学管理水平及社会主义和谐社会建设提供有效服务。

第一节　机关档案工作机构和干部

一、机关档案工作机构

我国机关档案管理的机构模式以机关档案室为主，机关档案室是我国档案组织机构中设置最为普遍、大量的基层档案管理机构。机关档案室的职能是：第一，对本机关文书部门或业务部门文件材料的归档工作，进行指导和监督；第二，负责管理本机关的全部档案，积极提供利用，为机关各项工作服务，并为党和国家积累档案史料；第三，中央和地方专业主管机关的档案部门，应根据本专业的管理体制，负责对本系统和直属单位的档案工作进行指导、监督与检查。

从机关开展档案工作至今，我国档案室的模式可分为三种类型，第一种类型是在机关内部设立档案室，有专门的办公室和档案库房，并且有专职档案管理工作人员，同时具备机关档案工作的行政管理及档案保管利用两项职能，一般将该类模式称为机关综合档案管理室模式。第二种类型是机关内只设立档案库房，没有档案行政管理办公室，但设专职或兼职档案管理员，由档案管理员负责档案行政管理工作和档案管理工作，一般将该类模式称为机关档案库房模式。第三种是负有某一行业档案监管职能的专业管理机关设置的模式类型，即机关设有档案保管机构，负责本机关及行业系统内的档案管理工作，同时设有档案工作管理机构，履行行业档案行政管理工作职能，指导和监督行业内档案工作，称为专业档案室模式。

（一）机关综合档案室

机关综合档案室是我国档案事业最基础的组成部分，是在我国设置最普遍、最大量、最基层的档案管理组织机构，是机关的有机组成部分，是统一保存和管理本机关档案的内部机构，主要为机关提供参考咨询服务。一般而言，机关档案室设有独立的机关档案管理办公室，有专门的档案管理人员，有档案管理库房，同时具备人、财、物的管理条件来开展机关档案工作。机关档案管理机构作为机关的内部机构，要求各业务部门在文件办理结束后的第二年向机关档案室移交，档案室负责对文件进行整理、鉴定、提供利用等一系列工作，并指导各部门文件的归档工作。短期保存的档案由档案室自行保管，而长远和永久保存的档案在档案室保存十到二十年后移交档案馆保管。

（二）机关档案库房

一些机关因受机关规模、形成的文件与档案数量、人员配置等各方面的因素影响，没有建立起综合档案室，而只有档案库房，档案工作由办公室的人员兼任。事实上，机关档案库房模式并不应该是一种常态的机关档案管理模式，它只能是一种临时的模式或者说只能是一种过渡模式。该种模式除了不需要建立档案机构的机关开展档案工作的选择外，更多的是那些不具备设立独立档案工作机构条件的机关开展档案工作的选择，或是对档案工作不够重视的机关的选择，与建立起综合档案室的机关相比，这些机关多是地方财政比较落后的机关，机关档案管理水平也比较落后。随着我国社会主义经济的快速发展，很多机关档案库房模式都将渐渐过渡到较为先进的机关综合档案室模式。

（三）专业机关档案室

专业机关档案室多是在具有对某一行业或专业进行档案行政指导和业务指导职能的机构设立的，且档案管理是以馆室合一的模式进行的。我国开展档案工作的原则之一，是对国家档案进行分级、分专业管理，专业机关档案室正是基于这样的原则建立起来的。实行分级、分专业管理国家档案的工作原则，因专业档案经济效益、社会效益突出和成套性的特点，有利于其在专业系统内的流转，有利于档案全宗的完整与安全，也有利于档案的规范化管理。

二、机关档案工作干部

从国家角度看，我国档案管理职业体系由三个基本部分组成，即以档案室为代表的各级各类档案基层组织、以档案馆为代表的各级各类档案管理工作组织、以档案局为代表的各级各类行政组织。本节研究的机关档案职业，其主体即为机关档案室，是我国档案管理职业组织体系中最基层组织的主要构成，具体到人就是机关档案工作者。

随着办公数字化和制度规范化发展，机关对档案管理工作的重视程度不断加强，机关综合档案室模式广泛适用，从事档案管理工作人员的规模不断扩大，专业化程度也显著提高。但从整体上看，机关档案人员的整体素质仍不能适应当前档案事业发展的需要，甚至仍有较大差距。首先，信息化素质不完备。政府机关作为信息化建设进程的实施主体和推进政务信息公开的主角，利用计算机等高科技管理档案的技术与设备条件正逐步完善，且伴随科技进步而不断发展的电子政务也要求档案管理迅速实现技术提升。因此，由单一的专业档案管理人员构成的档案管理队伍在设备操作、技术参与方面都已无法满足发展的需求，数据库的建立与维护、网络的运行与维护、信息的开发与利用都不是传统的档案保管员可以独立承担的任务，需要具备专业计算机知识的人员参与系统开发与管理。其次，综合能力提升迟缓。由于信息科技的发展使电子档案的地位不断提升，而纸质档案的重要性依然显著，双重的档案管理要求加重了档案工作者的任务负担，部分机关档案管理人员忙于奔波在两类档案之间，疲于应对本单位内档案的收集、整理、借阅工作，同时在机关相对“安逸”的环境下抱有“得过且过”的思想，在接受新的档案政策、主动学习、自我提高方面显得热情不够。同时，机关在档案人员继续教育和培训方面仍存在许多不足，由此便造成机关档案工作人员综合能力提升较为迟缓，与不断发展的制度、技术、管理手段日渐拉开了距离。

上文所述我国档案工作者素质不能与当前档案管理工作要求相适应的现象，也与机关缺乏有效的人力资源管理有一定关系。机关内传统的档案人才队伍构建方式以实体保管为主，是静态的传统型管理模式，流动性弱，对档案工作者自身发展欠缺考虑。档案工作者知识结构僵化、档案人才激励机制不健全、缺乏档案职业准入制度、继续教育与培训强度不够、现行档案工作制度落后于机关机构改革等，使档案人力资源管理滞后于档案发展实践，使档案人才无法摆脱旧观念的束缚，缺少发展空间，处于完全被动的状态。

缺乏有效的人力资源管理会导致一系列的问题。首先，使用不适当的人才从事不适合的工作，缺乏有效的绩效管理，使工作者缺乏工作激情的同时，也会导致档案管理工作或事业进展效率低下；其次，缺乏对用人单位具有约束性的制度化激励机制，优秀档案人才流失；第三，传统职责与新的职责累积叠加，造成档案工作者职责不清、管理混乱，机关档案管理的整体利用效率与当前发展对档案信息化的要求不成正比；最后，没有持续且有效的培训，造成工作人员业务技能跟不上日新月异的信息化技术发展，档案工作者在机关中的边缘化地位也无法得到改变。

可见，当前不管是档案管理人员自身还是机关对于档案人才队伍的建设，都面临着信息化社会提出的新要求、新考验，只有具体进行档案管理工作的主体符合了当代信息化档案工作的要求，我国的机关档案管理水平才能不断提高。

以案释法 23

侯某诉某厂补办人事档案办理特殊工种退休案

侯某，1953年10月10日出生，1980年4月7日到某厂（集体企业）参加工作，后该厂改制为私企。侯某从事喷漆工作，1992年年底下岗。侯某下岗后，单位不开工资，但养老保险、失业保险、工伤保险等保险费由单位缴纳。2008年，侯某因已到特殊工种退休年龄，向单位提出按特殊工种退休，单位在移交侯某档案的过程中将其遗失，致使侯某无法按特殊工种办理退休。侯某诉称：请求法院判令某厂补办档案；请求法院判令某厂为其办理特殊工种退休；请求法院确认侯某1980年至1992年从事喷漆工作；请求法院判令某厂赔偿因丢失侯某档案造成侯某经济损失的经济赔偿金5万元；某厂承担本案诉讼费用。

释解

《中华人民共和国民法通则》第五条规定，公民、法人的合法民事权益受法律保护，任何组织和个人不得侵犯。某厂丢失侯某人事档案，已经侵犯侯某可能获得的合法权益。

关于侯某请求法院确认其1980年至1992年从事喷漆工作一事，按照现有证据可以认定侯某曾经从事喷漆工作。由于某厂造成侯某人事档案丢失，该厂没有证据证明侯某不是喷漆工。虽然该厂提供书证证明原告从事喷漆工作不满八年，但是人证证明力明显小于档案资料记载。现该厂遗失侯某档案，故应推定其符合特殊工种提前退休条件。按国家政策，关于侯某要求该厂办理特殊工种退休问题，由于特殊工种退休须有人事档案，现侯某人事档案已确认丢失，故已无法再办理特殊工种退休事宜。

关于侯某请求某厂赔偿因丢失侯某档案造成其经济损失的经济赔偿金5万元一项，因丢失档案造成侯某不能按特殊工种退休使侯某可得的经济利益丧失，有损害就应该得到赔偿。某厂负有保管档案义务，故其应赔偿侯某经济损失。其赔偿额依据法律、法规、相应政策及当地人均生活水平等情况综合确定。现经侯某咨询，与侯某条件相当人员在2008年左右提前退休每月可得退休金1800元~2100元。按此计算，如果侯某提前5年按特殊工种退休，可以得到超出5万元的退休金，故其经济损失大于5万元；而原告侯某仅请求5万元赔偿，应就其请求为限，对于原告的5万元请求应予准许。

据此，法院依法判决：某厂赔偿侯某经济损失5万元，于判决生效后十日内一次性支付。如未按照判决指定的期限履行给付金钱义务，应当依照《中华人民共和国民事诉讼法》第二百二十九条之规定加倍支付债务迟延履行期间的债务利息。驳回侯某其他诉讼请求。诉讼费10元，由侯某承担。

第二节　机关档案的接收

机关档案的接收是指把分散在各业务部门或个人手中的各种形态的文件材料集中到档案室的过程，是机关档案室取得和积累档案的唯一手段，是机关档案工作的起点。在《机关档案工作业务建设规范》中，国家档案局首次以文件的形式明确规定了机关档案室接收范围和案卷质量要求。

一、机关档案接收的范围

《机关档案工作业务建设规范》指出，机关档案需要接受的范围为在机关工作活动中直接形成的各种门类和载体的档案、与机关业务工作有关的资料以及代管和本机关有关的撤销与合并机关的全部档案。值得注意的是，被接收的不仅是载体为纸质的文书档案，而且是各种门类和载体的档案。

（一）在机关工作活动中直接形成的各种门类和载体的档案

凡是反映本机关工作活动，具有查考利用价值的文件材料均属归档范围。这里有两层意思，即机关档案室接收的重点应是本机关自己形成的文件材料以及上级机关、下级机关及其他机关与本机关主要业务有密切关系的文件材料。“文件材料”的内涵指本机关在工作活动中形成的公文、电报、簿册、图表、书信、日记、录音、录像、盘片等各种门类和各种载体档案。对于机关工作活动中形成的专门档案（如会计、审计、诉讼、艺术等）的接收，应按专门档案管理办法的有关规定执行。

（二）与机关业务工作有关的资料

这里“有关的资料”，不仅指本机关编印的情况反映、简报等刊物定稿和印木，编辑出版物的定稿、样本，而且包括本机关的历史沿革、大事记、年鉴，反映本机关重要活动事件的剪报、声像材料、荣誉奖励证书，有纪念意义和凭证性的实物和展览照片、录音、录像等文件材料。

（三）代管和本机关有关的撤销与合并机关的全部档案

针对最近几年来体制改革中机构变动的情况，《机关档案工作业务建设规范》还指出，机关档案室要“代管和本机关有关的撤销与合并机关的全部档案”。这对于维护档案的完整与安全，确保档案在体制改革、机构变动的过程中不致于因人、事的变异而被分散、弄乱和损毁具有重要意义。

二、机关档案接收的质量要求

对于接收的案卷质量的要求，《机关档案工作业务建设规范》在有关的条款中总提分述，首先阐明了案卷质量总的要求，即“遵循文件材料的形成规律和特点，保持文件之间的有机联系，区别不同价值，便于保管和利用”。具体应做到下述几点：

第一，归档的文件材料种类、份数以及每份文件的页数均应齐全完整。

第二，在归档的文件材料中，应当将每份文件的正件与附件、印件与定稿、请示与批复、转发文件与原件、多种文字形成的同一文件，分别立在一起，不得分开；文电应合一立卷。

第三，不同年度的文件一般不得放在一起立卷，但跨年度的请示与批复，放在复文年立卷；没有复文的，放在请示年立卷；跨年度的规划放在针对的第一年立卷；跨年度的总结放在针对的最后一年立卷；跨年度的会议文件放在会议开幕年立卷；非诉讼案件放在结案年立卷；其他文件材料的立卷应按有关规定执行。

第四，卷内文件材料应区别不同情况进行排列，密不可分的文件材料应依序排列在一起，即批复在前，请示在后；正件在前，附件在后；印件在前，定稿在后；重要法规性文件的历次稿依次排列在定稿之后；非诉讼案件卷结论、决定、判决性文件材料在前，依据材料等在后；其他文件材料依其形成规律或特点，按有关规定排列。

第五，卷内文件材料应按排列顺序，依次编写页号或件号。装订的案卷，应统一在有文字的每页材料正面的右上角、背面的左上角填写页号；不装订的案卷，应在卷内每份文件材料的右上方加盖档号章，并逐件编件号；图表和声像材料等也应在装具上或在声像材料的背面逐件编号。

第六，永久、长期和短期案卷必须按规定的格式逐件填写卷内文件目录，对文件材料的题名不要随意更改和简化；没有题名应拟写题名，有的虽有题名但无实质内容的亦应重新拟写；没有责任者、年、月、日的文件材料要考证清楚，填入有关项内；会议记录应填写每次会议的时间和主要内容；填写的字迹要工整。卷内文件目录放在卷首。

第七，声像材料应用文字标出摄像或录音的对象、时间、地点、中心内容和责任者。

第八，有关卷内文件材料的情况说明，都应逐项填写在备考表内，若无情况可说明，也应将立卷人、检查人的姓名和时间填上以示负责。备考表应置卷尾。

第九，案卷封皮，应逐项按规定填写清楚，案卷题名要简明，确切地反映卷内文件材料内容，一般包括责任者、内容和名称等，体式一致，文字简练，使用简称应通用易懂，并用毛笔或钢笔书写，字迹要工整，清晰。

第十，卷内文件材料要去掉金属物，对破损的文件材料应按裱糊技术要求托裱，字迹已扩散的应复制并与原件一并立卷；案卷应采用三孔一线的方法装订；不装订的案卷，卷中的文件应逐件用细线装订。

第十一，文书档案案卷封皮、卷内文件目录、备考表、档号的格式按《文书档案案卷格式》执行。其他门类和载体的档案案卷格式应按有关规定执行。

三、具体档案的移交与接收

机关应建立、健全文件材料的归档制度。凡机关工作活动中形成的具有保存价值的文件材料（包括党、政、工、团以及人事、保卫、财会等工作中形成的文件材料），均由文书部门或业务部门进行整理、立卷，并定期向档案部门归档。机关领导人和承办人员办理完毕的文件材料应及时交有关部门整理、立卷。

机关档案部门接收的档案，应符合下列要求：第一，应归档的文件材料齐全、完整；第二，文件和电报按其内容的联系，合并整理、立卷；第三，归档的文件材料，保持它们之间的历史联系，区分保存价值，分类整理、立卷，案卷标题简明确切，便于保管和利用。

机关文书部门或业务部门一般应在第二年上半年向档案部门移交档案，交接双方根据移交目录清点核对，并履行签字手续。

第三节　机关档案的管理和提供利用

一、机关档案的管理

档案管理又称档案工作，是档案室直接对档案实体和档案信息进行管理并提供利用服务的各项业务工作的总称，是国家档案事业最基本的组成部分。机关档案管理属于档案管理的一种。机关档案管理主要包括两个方面的内容：一是对机关档案资源的管理，也称档案实体管理；二是对机关档案中所包含的信息的管理，称档案信息组织。对机关档案的管理进行研究，旨在通过对管理现状以及存在问题的分析，提出现阶段发展完善机关档案管理工作的对策与建议，进而加强机关档案管理制度规范，提高机关档案管理工作的效率，最终达到推动我国机关档案管理工作质量整体提高的目标。

（一）机关档案管理概况

档案管理系统是整个国家文献信息系统的组成部分之一，在构成整个社会的科学能力中占有重要地位，是社会信息系统的基石。机关档案管理系统是典型的信息管理系统，是一个机关单位不可缺少的部分。做好机关单位档案工作，既是提高本单位工作质量的必要条件和维护历史真实面貌的重要工作，又是当地档案事业发展的基础。所以，努力搞好机关档案工作不仅对做好机关、企事业单位档案工作十分重要，更会源源不断地产生档案资料以供存史查考，成为国家档案资源的不竭源泉。自档案法和档案法实施办法公布实施以来，由于档案部门认真履行了职能，加上各级机关认真贯彻相关的指导思想及措施，我国的档案工作呈现了良好的发展势头，机关档案工作取得了显著的成绩，档案管理队伍思想素质与业务素质有了明显提高。

（二）机关档案管理工作存在的问题

尽管我国的档案工作已经取得了巨大的进步，但距离档案管理水平先进的国家依然有相当大的距离，机关档案管理系统实际上并不十分完善，机关档案工作仍存在较多的问题。

1. 机关档案管理意识不强

就目前机关档案管理来看，由于长期以来人们对机关档案管理工作重视不够，认识不到机关档案管理工作在档案建设中的重要性和必要性，致使机关档案管理工作一直得不到足够的重视。

2. 机关档案管理人员素质不高

由于设备的现代化、档案种类和载体的多样化，档案管理方法要不断改革，因此，对档案工作人员在业务知识、科学知识以及管理操作能力等方面都提出了新的更高要求，由于许多档案管理工作人员属于兼职人员，或者即使是专职的档案管理者也仅仅是对传统档案管理技术掌握得比较熟练，加之许多机关对于档案管理工作投入的时间、人力、财力少，更有甚者直接忽视了科技信息化的发展所提出的高要求，沿用传统的方式进行档案管理，致使机关档案从收集到鉴别、整理、保密、查阅、利用、转递等工作环节管理粗糙，档案管理工作效率低下，不能很好地发挥档案管理工作的真正职能价值。

3. 机关档案管理设施条件不合格

目前仍有不少机关单位没有专门的档案室，不具备最基本的保管档案的通风、防潮、防霉、防盗、防火等条件要求，档案材料随处散放，保管设备不齐全。尽管有些单位一开始就建立了专门的档案管理系统与存储室，但在后来的工作中就忽视了这方面的更新与投入，致使原来的硬件设施远远跟不上后来的档案更新与保管工作要求，使得机关档案管理工作的开展进一步加大难度。

4. 机关档案载体结构单一

由于受到条件和设备等方面的制约，许多机关单位仍使用传统人工的方式管理文件档案，多为纸质打印档案，仍有部分手工抄写、页面规格不一的案卷，而电子、音像、磁盘等介质的档案却很少。档案载体结构的单一,一方面降低了档案存储的安全性，不利于对档案的进一步管理与使用；另一方面也不符合当前信息社会对档案信息化的要求，不利于档案管理工作的进一步发展。

（三）做好机关档案管理工作的对策

1. 加强机关档案管理人员的责任意识

目前，机关档案管理人员的责任意识普遍较低，对机关档案管理工作缺乏重视，导致机关档案管理中经常出现错误，降低了机关档案管理水平，不利于机关档案管理工作的运行。因此，想要提高机关档案管理水平，首先就要加强对机关档案管理人员责任意识的培养，使其能够重视机关档案管理工作，提高工作积极性，减小工作中的失误，从而促进我国机关档案管理工作的管理水平发展。例如，机关单位可以定期对机关档案管理人员进行培训，为他们细致讲解机关档案管理工作的重要性，改正他们的错误观点，摆正工作态度，认清工作职责，从而提高他们对机关档案管理工作的重视程度，促进机关档案管理水平的提高。

2. 加强领导重视，提升管理成效

各级主管领导应高度重视机关档案管理工作：一是加强工作协调，成立以领导为组长、各科室负责同志参与的档案工作领导小组，建立完善的档案管理制度；二是积极创造条件，适当增加人员和经费，加强业务培训，提升管理队伍的整体素质和使命感；三是建立考核评价制度，定期组织抽样检查和系统考核，强化过程管理和监督。

3. 优化机关档案管理的方法

由于对机关档案管理工作的不重视，导致机关部门也不注重对档案管理方法的优化，大都还在延续传统的管理方法，使机关档案管理工作的准确性、完整性、真实性都受到影响，导致机关档案管理工作水平的降低。因此，为了提高机关档案管理工作的水平，必须优化机关档案管理方法，使其更加科学、规范，保证机关档案管理的准确、真实、完整。例如，管理人员可以将机关档案进行多种形式的存档，确保在某一形式的档案资料丢失时，有其他资料做备份，保证机关档案管理的完整性。

4. 加强硬件支持，强化档案管理工作质量

机关单位应设立专门的档案室，添购档案管理设施设备，分类存放，编档管理，做足防火、防盗、防潮、防光、防虫、防高温、防霉、防尘等措施，确保档案材料保管安全、利用方便、管理规范。

5. 使用计算机对机关档案信息进行科学管理

随着科学技术的不断发展，计算机科学日渐成熟，其强大的功能已被人们深刻认识，它已经进入人类社会的各个领域并发挥着越来越重要的作用。作为计算机应用的一部分，使用计算机对机关档案信息进行管理，具有手工管理所无法比拟的优点，如检索迅速、查找方便、可靠性高、存储量大、保密性好、寿命长、成本低等。这些优点能够极大地提高机关档案管理的效率，也是企业的科学化、正规化管理和与世界接轨的重要条件。

6. 严格机关档案的交接程序

目前，机关部门的档案交接程序十分不规范，多数人员在离岗、调岗时不按规定进行部门档案的交接，甚至不交接，这都使机关档案管理材料的完整性、准确性受到影响，十分不利于机关档案管理工作的正常运行。因此，机关部门必须将档案资料的交接程序严格化、规范化。例如，当工作人员出现调岗、离职等情况时，要将自己负责的所有项目资料进行签字、上交，并注明交接时间、监交人、移交人等；将借阅的资料进行整理、催还，并注明借阅原因、催还情况等，使管理人员能够一目了然地了解档案资料的各项情况，

有效防止了机关档案资料的丢失、不完整等情况，有利于机关档案管理工作的有序进行。

二、机关档案的提供利用

机关档案提供利用服务，亦称机关档案利用服务，机关档案工作人员采用多种方式积极提供档案信息为机关工作服务。机关档案的提供利用是机关档案工作中不可或缺的一环，对于该环节的研究有着重要的实践意义。

（一）机关档案提供利用服务的重要意义

首先，机关档案提供利用的服务，是实现档案工作为机关服务这个总目标的直接工作，是机关档案业务工作最重要的环节和中心任务，机关档案提供利用服务是机关档案工作根本目的和基本任务，其他档案业务工作环节都应为这个基本任务服务。

其次，机关档案提供利用服务工作，是检验和推动其他各项机关档案业务工作发展的根本动力，在档案的提供利用服务工作中，会发现其他基础性档案业务工作的不足之处，以便于采取措施改善档案管理工作。例如，利用者需要的档案文件，由于搜集不完整而不能提供利用；档案文件保管不当，产生丢失、损坏，而不能提供利用或不能较好地提供利用；档案文件的保管期限断定失误，造成保管期满的档案因销毁而不能提供利用；档案检索工具编制得不完备、质量不高，致使不能迅速、全面、准确地查到要提供的档案文件；档案实体保管秩序混乱，不能迅速从档案库房里取出要提供的案卷等。

只有档案利用服务工作做好了，才能从根本上扩大档案工作的影响，使机关领导和各部门认识到档案工作的重要性，支持机关档案工作，给予必要的资金物质条件和帮助、配合，从而促进机关档案工作的蓬勃发展。

（二）机关档案提供利用服务工作的任务

《机关档案工作业务建设规范》指出："机关档案人员要熟悉所藏档案的情况，主动了解机关各项工作对利用档案的需要，积极做好提供利用工作。"据该条规定可知，机关档案提供利用服务工作的任务首先是熟悉室藏档案的成分、内容和检索工具的使用方法。这是档案提供利用服务的基本功，如果基本功不过硬，就不能做好档案信息的咨询服务，就不能迅速地使用检索工具查找查询者需要的档案。因此，档案管理人员应对室藏档案的内容了如指掌。熟悉室藏档案和检索工具的具体途径如下：第一，通过编制档案检索工具进行档案编研工作，全面、系统地熟悉档案；第二，通过检查档案和专门翻阅重要档案资料，有针对性地熟悉档案；第三，通过日常的档案管理工作，有意识地熟悉档案。此外，主动了解机关各项工作利用档案的需求、把握机关工作利用档案的需求规律，是有针对性地主动做好档案利用服务的基础。

(三)机关档案提供利用的需求

机关档案的提供利用工作，是实现机关档案价值的环节。而对于机关档案提供利用的需求的分析研究，则可以为机关档案的工作者更好地进行档案的提供利用奠定基础。

1. 从需求的类型分析

按从需求的类型划分，机关档案利用需求分为实际工作利用档案的需求、科学研究利用档案的需求以及个人利用档案的需求。

第一，实际工作利用档案的需求。这是机关工作利用档案需求的主要类型。由于机关工作的连续性，机关的领导及各部门的工作人员在经济建设和行政管理、生产管理、科研管理等方面经常需要参考利用档案文件。

第二，科学研究利用档案的需求。这是指为某项科学研究和编修志书而产生的利用档案的需求。随着社会的发展进步，越来越多的机关工作人员和科学技术研究人员为进行科研、撰写学术论文，日益重视档案信息的开发利用。

第三，个人利用档案的需求。这是指机关或下属单位的职工个人为解决自己的疑问而产生的利用档案需求。随着我国人民文化素质和档案意识的逐步增强，人们在档案中获取凭证、情报、知识的需求也在不断增加。

2. 从需求的特点分析

从机关各类人员利用档案需求的特点分析可知，秘书部门办事人员利用档案的需求具有较强的全面性、系统性；职能部门办事人员利用档案的需求具有较强的指向性，即各个职能部门的办事人经常利用各自业务工作的档案文件，处理事务时他们需要立即查阅有关档案文件；而机关领导人利用档案信息的需求具有浓缩性和间接性，多数领导人往往通过秘书来实现其利用档案的需求，并且要求档案管理人员或秘书对其所需要的档案信息进行加工、提炼。

3. 从需求的规律分析

首先，机关档案利用需求具有时间性和阶段性。机关的日常工作具有稳定性，什么时间阶段做什么工作，需要查阅什么档案都有一定的规律，掌握这个规律就可以做好档案利用服务工作。

其次，机关档案利用需求的程度与档案信息的宣传介绍程度相一致。档案内容有鲜为人知的社会属性，机关工作人员如果不了解有哪些档案资料可以被查阅和利用，则不会产生利用档案的需求。因此，档案管理人员应当向机关领导和各部门印发相关的档案目录、全宗介绍等资料，以激发机关工作人员潜在的利用档案的需求强度，提高提供档案利用服务的效率。

最后，利用档案需求的求便规律。我国在开放历史档案之前，为利用档案设置了许多人为的障碍，手续繁琐，因而人们即使想利用档案，也因流程的复杂望而却步。现如今，国家为了促进机关档案的利用率，已经缩减了利用档案所需的手续，档案工作人员应将简化后的档案利用方法告知机关工作人员，并且不应因自身的原因增加机关工作人员利用档案的难度。

（四）提高档案利用的途径

1. 要及时收集归档文件材料，增加档案的种类，丰富档案的内容

归档文件材料是机关档案工作的对象，是提供利用的前提。收集归档文件材料是首要环节，没有材料的收集，就没有档案工作。为确保机关各门类档案齐全完整，档案人员必须做好材料收集的基础工作，广泛宣传收集归档文件材料的重要性，增强机关内各类人员的档案意识，保证归档文件材料的完整性、系统性。

2. 要强化宣传，提高认识

提高机关干部的档案意识是做好归档文件材料的基础，因此，要通过各种宣传形式，介绍库存档案及保管条件，宣传档案利用的数字及实例，使大家认识到档案的重要性，认识到只有档案在档案室保存，才能延长寿命，防止损坏和散失；只有集中统一管理，才能更加方便和有效利用档案，发挥档案的最大作用。

3. 要认真鉴别，准确分类

归档文件材料的鉴别在机关档案工作中有着特殊地位。鉴别的好坏直接决定着档案质量的好坏及作用的发挥。因此，档案管理人员必须认真学习，对每一件归档文件材料要一丝不苟地鉴别；对经鉴别后剔出、准备销毁的文件材料，要再次进行谨慎鉴别，切忌草率行事。对不符合归档要求的文件材料要及时处理，材料不全的，要补办齐全。总之，经鉴别归档的文件材料必须齐全完整、文字清楚，确保归档文件材料的权威性。在整理过程中，档案人员必须以国家档案局下发的各项标准为依据，做到分类科学、组卷合理、排列有序、编号准确、填写规范、装订整齐。

4. 科学管理，优质服务

科学管理有利于档案信息资源的价值充分发挥，提高工作效率。档案管理工作应该不断变革一切不适应当前形势发展的管理方法，摒弃已不适应当前信息化社会要求的旧的档案管理方法，利用先进的计算机系统进行档案管理；要善于运用科学的理论、方法和手段实现对机关档案的有效管理，最大限度地提高工作效率。当然，实现科学管理，必须要稳固基础，即要对所保存的档案的成分、内容、数量、存放位置熟悉，对各种检索工具和参考资料熟悉，对具有不同规律特点的需求熟悉。

以案释法 24

毛某诉A教育局企业职工档案管理案

上诉人毛某因诉A教育局企业职工档案管理一案，不服A区人民法院不予受理起诉的行政裁定，提起上诉。1994年12月，毛某经过A教育局及相关职能部门审批，被招收为A教育局下属的某乡联校的全民合同制工人，暂时待岗。因1995年行政区划调整，某乡被划归B区管辖，后来毛某为了自己被招工的事情多次找相关部门，要求解决上岗的问题未果。在2007年至2013年3月期间，毛某多次找到B区教育局要求上岗，该局以A教育局没有移交毛某被招工的档案为由拒绝为其安排工作、上岗。虽然A教育局说明已经移交了毛某的档案，但系一面之词，B区教育局对A教育局的该说法不予认可，而且书面回复了不能凭A教育局的说法为毛某安排工作、上岗。毛某起诉，请求法院责令A教育局向B教育局移交其被招收为全民合同制工人的档案。

释解

根据相关规定，档案违法行为应由档案行政管理部门处理。档案法律法规没有规定可向法院提起行政诉讼，所以根据《中华人民共和国行政诉讼法》第十一条的规定，本案不属于法院行政诉讼的受案范围，法院不应受理。原审裁定处理正确，应予维持。据此，二审法院依法裁定：驳回上诉，维持原判。

第四节　机关档案的移交

省级以上机关应将永久保存的档案在本机关保存二十年左右；省辖市（州、盟）和县级以下机关应将永久、长期保存的档案在本机关保存十年左右，连同案卷目录（一式三份）和有关的检索工具、参考资料，一并向有关的档案馆移交。一个机关的全部档案是不可分割的整体，应统一向一个档案馆移交。

机关撤销或合并必须将本机关的全部档案进行认真整理，妥善保管，不得分散，并按下列办法进行处理：第一，撤销机关的档案，应向有关的档案馆进行移交或由有关主管机关代管；第二，机关撤销的业务分别划归几个机关的，其档案材料不得分散，可由其中一个机关代管或向有关的档案馆移交；第三，一个机关并入另一个机关或几个机关合并为一个新的机关，其档案材料应移交给合并后的机关代管或向有关的档案馆移交；第四，一个机关内一部分业务或者一个部门划给另一个机关接收，其档案材料不得带入接收机关，如果接收机关需要利用，可以借阅或者复制；第五，机关撤销或者合并时，没有处理完毕的文件材料，可以移交给新的机关继续处理，并作为新的机关的档案加以保存；第六，一个机关改变了领导关系，在其工作活动中形成的全部档案仍属原来的全宗，实行集中统一管理。

各种临时工作机构撤销时，其档案应向有关的主管机关或档案馆移交。

第九章

科技档案管理制度

导　读

虽然我国古代已经出现了科技档案雏形，近代也形成了真正意义上的科技档案，但直到现代才产生科技档案的概念。新中国成立以后，伴随科学技术和大工业生产的日益发展，一方面经济建设的大规模开展产生了大量的科技档案，另一方面必须保管好并充分利用科技档案资源为经济建设和科技、生产活动服务。对于科技档案，我们只有深入研究，把握其适应时代发展的特殊性，充分利用其优越性，才能真正发挥其价值。

第一节　科技文件材料的形成

科技档案，是指企事业单位和国家机构、社会组织及个人从事生产、科研、基建及管理活动形成的，对国家和社会具有保存价值的，应当归档保存的科技文件材料。科技文件材料指记录和反映生产、科研、基建、设备及其管理活动的文字、图表、声像等不同形式技术文件的总称。对科技文件材料的接收、收集称为归档，归档转变了科技文件材料的性质，使科技文件材料转变为科技档案。

因部门管理重心不同、生产人员变动、工作周期长短等多种因素，在科技文件材料归档阶段，往往出现较多的问题。如科技文件资料的系统性问题、文件资料的规范化和标准化问题等。因此，以档案管理的视角，加强对科技档案形成过程的管理，对科技档案的完整性、准确性及规范化具有积极意义。

一、科技档案形成过程的主要特点

从档案管理的角度来看，厘清科技档案形成过程的阶段性和阶段特点，有利于档案管理人员采用系统论制定和实施有关档案管理的制度，提高科技档案的归档效率，保障科技档案的系统性以及规范化、标准化，更好地发挥档案的作用。

（一）形成过程的阶段性

从科技档案及科技文件材料的定义可以看出，科技档案的形成过程以时间为线索可分为两个主要阶段：科技文件材料形成阶段以及科技文件归档成为科技档案阶段。从档案管理的视角考察，这两个阶段都是科技档案形成的重要阶段，虽然时间有先后，但这两个阶段密不可分。没有第一阶段的科技文件材料的产生，就没有科技档案的产生；没有第二阶段实施的收集、整理、归档，科技文件资料就不能成为档案，就不能发挥其提供参考、借鉴、研究的价值。

（二）管理目标的差异性

科技文件材料是在科技、生产活动过程中产生的，这一过程的主要管理目标是完成或达到某一预期的科技、生产目标。而第二阶段的管理目标，是按档案管理的规范、标准以及其他有关要求，系统、全面地收集整理在科技、生产活动过程中产生的各种文字、图表、声像等不同形式的技术文件，使之形成档案，发挥其应有的科技价值。显然，这两个过程中的主要管理目标存在较大的差异性。当然，两阶段的主要管理目标的差异性，并不排斥档案管理目标的统一性。但是，这种差异性的存在对科技文件资料最终转化成为档案是有一定影响的。

（三）过程主体的差异性

在第一阶段中，过程主体主要是科研、生产及相关人员。虽然按照档案管理的有关要求，档案管理工作或多或少在这一阶段有所体现，但这一过程主要还是科研、生产过程，科研及生产人员才是这一阶段的主体。在这个阶段中，科技文件材料的产生、使用以及保管都在科研、生产部门，不在档案管理部门。

第二阶段是一个收集整理的过程，实施主体是档案管理人员。从档案管理的角度说，在这一阶段中，档案管理人员能很好地按照档案管理的各项规范规程，对于送交档案管理部门的科技文件材料进行系统性整理，文件资料的标准化、规范化等问题比较容易控制。

二、科技文件材料形成过程存在的主要问题

（一）认识不到位

科技文件材料是科研、生产过程的产物，在科研和生产过程中，因为并非科技档案管理工作人员，不少生产人员对档案管理欠缺认识，往往仅从科研、生产的目标及需要出发，记录、使用、保管有关科技文件材料，与档案管理的管理目

标和要求有一定的差距。

（二）有关制度约束力不够

在工程设计单位，档案管理部门往往是辅助部门，档案管理的各项制度以及规范、标准较难在科研生产的过程中得到很好的落实，因而在科技文件材料归档阶段往往存在不少问题。档案管理的制度、办法以及标准、要求大多以归档阶段工作及文件材料为对象，缺乏针对科研生产过程相关的管理规定及要求。

（三）责任落实不到位

对于一项具体工程的设计，往往涉及勘测、规划、施工等多部门，从项目设计到施工建成，各阶段的设计报告、图纸等分布在各专业部门，而且因工作需要往往由各部门的具体参与人员使用、保管。由于文件资料的涉及面广、涉及人员多，档案管理的责任往往落实不到位。

（四）科研、生产过程的时间跨度带来的问题

一个项目由设计到施工建成，具有一定的时间跨度，有的项目因为投资、审批等诸多因素影响，还有下马又重新上马的反复过程。同时，设计人员的调整、升迁、调动等都会对该项目的设计文件资料的延续、使用、保管造成一定的影响。因此，到归档阶段，档案的完整性及标准化、规范化往往都存在一定的问题。

三、科技档案形成过程管理的作用及意义

科技文件材料的产生源于企事业单位和国家机构、社会组织及个人从事的生产、科研、基建及管理活动的过程。在这个过程中，产生了记录和反映生产、科研、基建、设备及其管理活动的文字、图表、声像等不同形式技术文件。可以说，这是科技档案形成的核心阶段，在这个阶段产生了科技档案的物质基础。

在科技文件材料归档阶段，实施主体主要是档案部门管理人员，档案管理人员按照归档的规范、标准，对科技文件材料进行规范化、系统化处置，最终形成科技档案。在这一阶段中，档案管理的要求得到了很好的落实。而在第一阶段，由于科技文件的形成和归档涉及不同的部门和人员，而且具有一定的时间跨度，要确保科技档案的完整性、准确性，加强对这个过程的管理是十分必要的。

加强对科技文件材料的形成过程管理对科技档案最终形成的重要作用具体体现在以下几个方面：首先是确保档案的完整性，避免因为人员变动或者项目周期过长而导致的科技文件的遗失；其次是有利于档案管理人员的提前介入，提高档案工作的效率，同时确保档案工作的规范化；最后是有利于科技文件材料的使用，档案资料提前进入档案管理部门，并进行必要的登记，有利于其他有关部门科技人员、管理人员的查询、借阅及共享科技信息资源，有利于充分发挥科技文件的作用。

四、加强科技文件材料形成过程管理的措施

（一）加强宣传教育，提高对档案工作的认识

科技档案是企事业单位和国家机构、社会组织及个人从事生产、科研、基建及管理活动形成的对国家和社会具有保存价值的应当归档保存的科技文件材料。科技档案具有凭证和参考的作用，其价值更多地体现在技术效应和经济价值上。加强对档案管理的宣传和培训，提高全员对档案工作的认识，尤其是对生产人员的宣传和进行档案管理的基础培训，对高效、科学地开展档案管理工作具有积极意义。

（二）建立健全科技文件资料形成过程的管理制度

科技文件材料的形成过程是科技档案形成的核心阶段。加强这一阶段的管理，对科技文件材料最终归档形成科技档案具有重要的意义。在实际工作中，档案管理的重心往往在收集、整理、建档阶段，管理制度、规范标准也比较完善，但对生产过程即科技文件材料形成过程的管理，相对比较薄弱。因此，结合工程设计的实际建立符合本单位实际的生产过程档案管理制度就显得十分重要。比如，健全各级包括生产部门的档案管理体系，明确各部门人员的职责；针对不同专业的部门，提出相应的管理措施；建立健全生产部门与档案管理部门的联系渠道，等等。

（三）建立预归档管理制度

预归档是在科技档案形成前，在科技文件材料产生过程中，让档案管理部门提前参与，对科技文件资料进行平日积累的一种规范化管理方法。开展预归档工作，应建立健全相应的制度和措施，落实各部门和人员的管理责任，提出预归档的范围、时间及其他相关要求，建立合适的预归档渠道，对预归档的科技文件材料进行科学、合理的分类、检索等。档案管理部门要指定专人负责管理和组织实施，建立专门的预归档储藏库房或文件柜，并严格分区分级建立预归档登记查询系统。实施预归档制度是加强对科技文件材料形成过程管理的有效途径，对科技档案的标准化、规范化以及全面性具有积极的意义。

（四）健全科技文件材料的档案管理标准体系

在科技文件材料的归档过程中，文件材料的规格、格式、数量等标准化问题往往是最常见的。因此，要加强对生产过程的档案管理，将标准化、规范化贯彻到生产过程，就要按照档案管理的要求，对生产过程中的文件材料管理等提出相应的技术要求。比如，分类提出对不同专业部门的科技文件材料规范化、标准化要求；不同部门产生的科技文件资料分类方法；科技文件材料的使用、保管的要求等。

（五）建立相关的约束机制

加强对档案形成过程的管理，要建立健全相关的约束及激励机制。比如，在人员调动、升迁等人事变动前，应当对其所经手项目的有关部门科技文件材料进行整理、移

交；对一些正在开展或暂缓的项目，必要时应要求提交相应的情况报告。同时，还应建立相应的考核制度、责任制度、奖励制度，有效开展科技文件材料形成过程的管理。

第二节　科技档案的归档

要把科技档案工作纳入技术业务部门的职责范围和技术人员的岗位责任制，使科技文件材料自产生到归档形成制度。

各企事业单位在科研成果、新产品鉴定、工程验收、设备开箱时，要通知本单位的档案部门派人参加，对应当归档的科技文件材料加以验收。

一、科技档案的归档范围

凡本单位从事科研、生产技术、基建、设备管理、设计、安全环保、质量管理、地质勘探、工程勘察、建筑安装、现代化经营管理和教学以及发明创造、技术革新、企业改造、设备更新、出国考察、引进外国先进技术、与国外合作研究和对外技术援助等一切活动中形成的、具有保存价值的科技文件材料，都属归档范围。

二、科技档案的归档要求

第一，凡归档的科技文件材料，由主办单位（或主办人）按照其形成的自然规律和内在联系，系统整理，组成一个或若干个保管单位（卷、册、袋、盒），立卷后经专题或项目负责人审查，按归档制度及时归档。一般的应归档一份（译成几种文字的，每种文字各归档一份，有底图者要同时归档），但重要的或使用频繁的可根据需要再存副本一份或几份。

第二，归档前须编好卷内目录，备考表，填写保管期限，划好密级。

第三，凡是科技档案，必须按照规范和标准的要求，做到纸质优良，抄写工整，图像字迹清晰，装订整齐坚固。禁用普通圆珠笔、铅笔、复写纸和红墨水、纯蓝墨水书写，应当用碳素墨水、蓝黑墨水书写，以利于长久保存。

第四，凡归档的科技档案，都要填写归档清单，经有关部门的负责人审查签署后，向档案部门交检，经验收合格后办理归档手续。

以案释法 25

白某诉A公司遗失其人事档案致其无法调动工作赔偿案

1989年初，A公司对外公开招聘员工，白某应聘到A公司工作。应白某的要求，A公司未经人事劳动部门批准，于1990年2月21日发函往白某原工作单位M厂，要求M厂同意白某调出，并由白某自带档案到A公司报到。M厂收到A公司的函后，即将白某的人事关系（包括行政、工资、档案）寄给A公司。A公司收到档案后不久又将白某的档案退回M厂，M厂又于1991年1月15日将白某的档案寄给A公司。此时，白某已离开A公司。1992年8月15日，白某到B公司工作。同年12月8日，B公司在拟调干部登记表上签章，同意接收白某档案，白某便前往A公司索要档案，A公司称档案已遗失。白某向省人劳厅反映，省人劳厅于1993年5月19日函告A公司，要求查找档案。次日，A公司分别向M厂、省人劳厅出具证明，承认丢失了白某的档案。1993年9月，A公司找到了白某的档案，立即通知白某前去领取。由于双方处理意见不一致，白某未取走自己的档案，A公司又于1993年11月13日将白某的档案寄到M厂。M于1996年1月3日将白某的档案寄到市人才交流中心（未办托管手续），现白某的档案存放在市人才交流中心。白某从1992年8月15日至1996年3月期间在B公司工作。1996年3月，B公司裁减人员，白某由于没有档案而被裁减。白某被裁减后一直未落实好固定的工作单位，为此，白某向人民法院提起诉讼。

释解

被告A公司未经人事劳动部门批准，擅自办出原告白某的人事关系，违反了干部人事档案管理制度。被告收到原告档案后又不妥善保管，使其档案遗失多时，造成原告找到接收单位因没有档案而使其调动落空，给原告精神上、经济上造成一定损失，被告对此应负主要的民事责任。据此，一审法院依法判决：限被告在本判决发生法律效力后十日内向原告偿付经济损失和精神损失人民币2万元。驳回原告的其他诉讼请求。白某不服，提起上诉。

二审法院审理后认为：上诉人的上诉请求不属于法院的受理范围，不予受理此案。据此，二审法院依法作出裁定：撤销一审法院民事判决，驳回上诉人白某的起诉。

第三节　科技档案的管理

科学技术是第一生产力，而伴随着知识经济的浪潮，科技档案在人类社会中的重要地位也逐步凸显出来。加强科技档案的管理工作，正是顺应社会发展的需要，是实现科技工作的创新、产业化的需要，也是发展社会主义市场经济和加速实施科教兴国战略的需要。在新形势下，提高科技档案管理工作的效率，充分发挥科技档案的价值，切实满足信息化社会的需求，是我国档案工作的重中之重。

一、新形势下科技档案管理工作的现状

随着信息技术的不断发展，传统的科技档案管理模式受到了冲击，而先进的科技档案管理模式又未得到科学的推广应用，因此各单位多年形成和积累的大量科技文件，包括设计文件、科研文件和工艺文件，大多处于分散管理的状态。另外，由于长时间对科技档案管理工作的实际价值认识不足，许多单位形成的科技档案大多分散在各个形成部门甚至科技工作者个人手中，使得科技档案的管理十分混乱。

除此之外，在科技档案管理的工作中还有一种现象普遍存在，即不少科研人员总想把科研成果化为己有，从侧面反映出他们的档案法制观念薄弱、对档案管理信任感低、自身责任心差等。很多科研项目的关键且真实的数据被“隐形化”或偷梁换柱，真正有价值的东西散落在科研人员手中，这样形成的档案缺乏真实性和准确性，也自然失去了档案的价值。

由此可见，当前我国科技档案管理工作还有许多不成熟的地方，因此，找出科技档案管理工作中的问题并进行研究分析，是当前科技档案工作的重点。

二、新形势下管科学管理和利用科技档案的建议

（一）不断完善管理设施和管理手段

档案法明确规定，档案管理应采用先进技术，实现档案管理现代化。这一规定对加速档案管理的现代化提出了法律要求。随着科技的迅猛发展，科技档案的种类不断增多，数量日益增大，使科技档案管理部门的工作量也相应增加，因此，档案管理必须采用现代化管理方法，才能科学地开发利用，服务于单位科研、生产。采用信息技术管理档案，既快速、准确，又存取方便，安全可靠，大大地节省了人力，是科技档案工作的发展方向。

（二）努力活化单位科技档案，搞好科技档案的开发利用

档案法规定，档案馆应为档案利用创造条件，简化手续，提供方便。一个单位的科技档案，为这个单位各项科研生产活动提供技术支撑，因此应当积极开发科技档案信息，大力进行科技档案宣传，全面充分地发挥科技档案的所有价值。科技档案信息资源的开发，首先要研究、熟悉、掌握本单位科技档案，包括科技档案的种类、时间、数量、载体、机密等级和编目排架状况，以及档案的信息内容、利用价值、完整准确程度等，研究掌握得越多、越具体，越能够充分实现科技档案的自身价值。其次要研究用户，单位中不同部门、不同人员对科技档案的需求角度不同，利用层次不同，只有研究了用户，熟悉了用户，才能对科技档案信息进行针对性的开发和有效利用。

（三）建立健全档案管理各项规章制度

为使我国科技档案现代化管理有章可循，有法可依，需要从四个方面对我国科技档案管理制度进行完善。首先，建立健全科技档案接收保管制度。要规定对那些反映本组织科研活动，具有一定保存价值的科研成果通过各种形式的载体由档案管理部门统一保管。其次，建立健全科技档案整理制度。档案管理部门对收集起来的科技档案按照统一标准进行整理，并进行分类和著录，为档案管理的规范化奠定基础。第三，建立健全科技档案的借阅制度。档案管理部门要根据科技档案的不同机密等级履行不同的借阅审批手续，并对外借的科技档案进行及时催还以及详细检查。最后，建立健全科技档案的鉴定销毁制度。档案管理部门要能够根据单位档案销毁要求，组建一个专门的档案鉴定销毁小组，定期对科技档案的保存价值进行鉴定，对于那些失去保存价值的科技档案进行及时销毁。

（四）强化科技档案安全保密工作力度

第一，要注重建立健全科技档案保密管理制度。在信息化时代，档案安全管理工作面临着更高的挑战和要求。档案管理部门要对科技档案管理工作人员进行严格监督，设置科学安全的科技档案查阅制度，并建立完整的科技档案泄密查办措施，同时加大科技档案部门对加密设备使用和维护的投入，真正使科技档案保密工作有章可循，有据可依。第二，建立健全科技档案逐级利用审批制度。对那些机密科技档案的借阅、移出和销毁要建立一整套严格的审批手续，并且要指定专门主管的负责领导，按照审批权限对不同机密等级的科技档案进行审批利用，防止越级审批事件的发生，并且定期对科技档案进行清对和检查，防止科技档案丢失。

（五）提高档案管理人员的整体素质

加强培训，不断提高档案管理人员的整体素质，提高科技档案现代化管理意识。科技档案工作涉及面广，科技含量高，社会发展快，科技档案管理人员思想与业务素质的高低是科技档案工作能否发挥作用的重要因素。通过培训，科技档案管理人员不断学习档案管理知识和其他科技知识，掌握计算机等现代化管理手段，进而提高对科技档案现代化管理重要性的认识，不断增强档案管理意识，最终形成自觉承担科技档案管理工作、主动履行相应义务的责任心和使命感。

附录

国家档案局关于印发《全国档案“七五”法治宣传教育规划（2016—2020年）》的通知

档发〔2016〕9号

各省、自治区、直辖市档案局、馆，各计划单列市档案局、馆，新疆生产建设兵团档案局、馆，中央和国家机关各部委档案部门，中央军委办公厅保密和档案局、解放军档案馆、武警部队参谋部办公室，各人民团体档案部门，各中央企业档案部门：

根据中共中央、国务院转发的《中央宣传部、司法部关于在公民中开展法治宣传教育的第七个五年规划（2016—2020年）》的要求和第十二届全国人民代表大会常务委员会第二十次会议通过的《全国人民代表大会常务委员会关于开展第七个五年法治宣传教育的决议》精神，国家档案局制定了《全国档案“七五”法治宣传教育规划》，现印发给你们，请结合本地区本部门本单位实际情况，认真组织实施。

国家档案局

2016年6月22日

全国档案“七五”法治宣传教育规划（2016—2020年）

为继续深入开展档案法治宣传教育，不断提升档案事业法治化管理水平，根据《中央宣传部、司法部关于在公民中开展法治宣传教育的第七个五年规划（2016—2020年）》的要求和《全国人民代表大会常务委员会关于开展第七个五年法治宣传教育的决议》精神，结合档案工作实际，制定本规划。

一、指导思想、主要目标和基本原则

全国档案“七五”法治宣传教育工作的指导思想是：高举中国特色社会主义

伟大旗帜，全面贯彻党的十八大和十八届三中、四中、五中全会精神，以习近平总书记系列重要讲话特别是关于全面依法治国的重要论述为指导，紧紧围绕“四个全面”战略布局，坚持创新、协调、绿色、开放、共享的发展理念，深入开展档案法治宣传教育工作，弘扬档案法治精神，为我国档案事业科学发展营造良好的法治环境，有效服务推进国家治理体系和治理能力现代化建设。

全国档案“七五”法治宣传教育工作的主要目标是：档案法治宣传教育机制进一步健全，档案法治实践成效进一步凸显，全国档案工作者尊法学法守法用法观念明显增强，全社会档案法律知识普及程度和对档案重要性的认识程度明显提高，档案行政管理部门及档案工作人员法治思维和依法行政能力稳步提升，全国档案事业沿着法治化轨道科学发展。

全国档案“七五”法治宣传教育工作的基本原则是：

——坚持围绕中心，服务大局。围绕党和国家中心工作以及全国档案事业发展的总体目标开展档案法治宣传教育，更好地服务协调推进“四个全面”战略布局，为档案事业服务国家经济社会发展营造良好的法治环境。

——坚持服务社会，服务群众。把法治宣传教育与服务群众紧密结合起来，着眼于广大群众对涉及民生等档案领域法治工作的实际需求，多渠道开发档案资源，依法推进馆藏档案的公开，优化档案信息查询服务，切实维护好公民、法人和其他组织的合法权益。

——坚持学用结合，普治并举。坚持将档案法治宣传教育工作与档案法治实践相结合，将法治宣传教育融入档案立法、执法和档案开放利用等各项工作中，使档案法律法规为档案系统工作人员和广大群众所掌握、所遵守、所运用。

——坚持分类指导，突出重点。分析不同地区、行业和对象的实际和特点，以群众喜闻乐见、易于接受的方式，开展有针对性的档案法治宣传教育活动，并对宣教效果实施动态考核评价，做到覆盖范围广泛，宣教重点突出。

——坚持创新发展，注重实效。创新宣传形式，注重宣传实效，有效传播档案法治文化，以开放、共享的理念，积极构建百姓走进档案、档案走向社会新格局。

二、主要任务

（一）学习宣传习近平总书记关于全面依法治国的重要论述。党的十八大以来，习近平总书记站在坚持和发展中国特色社会主义全局的高度，对全面依法治国作了重要论述，提出了一系列新思想、新观点、新论断、新要求，深刻回答了建设社会主义法治国家的重大理论和实践问题，为全面依法治国提供了科学理论指导和行动指南。各级档案部门要深入学习宣传习近平总书记关于全面依法治国的重要论述，增强走中国特色社会主义道路的自觉性和坚定性，增强全社会厉行法治的积极性和主动性。深入学习宣传以习近平同志为总书记的党中央关于全面依法治国的重要部署，宣传科学立法、严格执法、公正司法、全民守法和党内法规建设的生动实践，使广大档案工作人员了解和掌握全面依法治国的重大意义和总体要求，更好地发挥法治的引领和规范作用。

（二）学习宣传以宪法为核心的中国特色社会主义法律体系。各级档案部门要深入宣传依宪治国、依宪执政等理念，宣传党的领导是宪法实施的最根本保证，重点学习宣传宪法确立的我国的国体、政体、基本政治制度、基本经济制度、公民的基本权利和义务等内容，利用“12·4”国家宪法日组织开展集中宣传活动，教育引导各部门和个人以宪法为根本活动准则。重点宣传宪法相关法、民法商法、行政法、经济法、社会法、刑法、诉讼与非诉讼程序法等多个法律部门的法律法规，继续深入学习《立法法》《公务员法》《行政处罚法》《行政许可法》《行政复议法》《行政法规制定程序条例》《规章制定程序条例》等一系列规范行政行为的法律法规，引导广大档案工作人员自觉守法、办事依法、遇事找法、解决问题用法、化解矛盾靠法。

（三）学习宣传党内法规。适应全面从严治党、依规治党新形势新要求，各级档案部门要切实加大党内法规宣传力度。突出宣传党章，教育引导档案部门广大党员尊崇党章，以党章为根本遵循，坚决维护党章权威。大力宣传《中国共产党廉洁自律准则》《中国共产党纪律处分条例》等各项党内法规，注重党内法规宣传与国家法律宣传的衔接和协调，坚持纪在法前、纪严于法，把纪律和规矩挺在前面，教育引导档案部门广大党员做党章党规党纪和国家法律的自觉尊崇者、模范遵守者、坚定捍卫者。

（四）学习宣传《档案法》及相关法律法规。继续深入学习宣传以《档案法》为核心的档案法规标准体系，及时做好档案政策法规汇编工作并向社会公布，引导规范社会各方面、各行业、各单位依法建立健全档案工作，明确应当履行的文件材料定期归档和档案按时移交进馆的法定责任。做好档案相关法律规定及行业标准的教育培训工作，有效扩大档案法律知识宣传教育的受众面，使档案工作人员和社会公众能够准确掌握重点档案法律知识，了解立法原意，做到依法治档。学习宣传《保守国家秘密法》《档案管理违法违纪行为处分规定》和档案安全保密相关规定，提高信息化背景下档案工作人员的安全保密意识，发现并及时查处档案违法违纪行为，确保国家档案事业在法治轨道上运行。

（五）推进档案法治文化建设。完善各级国家档案馆开放制度，将法治元素融入各级各类档案馆规划中，运用新媒体普法益民，提供便捷的档案信息查询服务。依法推进馆藏档案的公开，繁荣档案法治文化作品创作推广，传播档案文化，讲好档案故事。充分运用互联网传播平台，推进“互联网+法治宣传”行动，促进档案法律法规进机关、进乡村、进社区、进学校、进企业、进单位。

（六）**推进依法治档全方位多领域深入开展**。坚持法治宣传教育与依法治档实践相结合，进一步深入推进依法治档、规范管理，提升全社会档案法治化水平。通过法治档案的建设，在机关、团体、企事业单位、社会组织、城市社区、广大农村的工作和活动，以及公民的意识中，树立依法形成档案、保护档案、用好档案的自觉，引导和培育符合市场经济和法治社会要求的诚信意识、责任意识、文明意识和法律意识，为服务和支撑国家治理体系和治理能力现代化建设提供档案信息的支持与保障。

三、工作措施

全国档案“七五”法治宣传教育工作规划从2016年开始实施，到2020年结束。各地区各部门各单位要根据本规划，认真制定本地区本部门本单位规划，深入宣传发动，全面组织实施，确保各项目标任务落到实处。

（一）**健全普法宣传教育机制**。各级档案部门要加强对普法工作的领导，根据各地区各部门各单位的特点和实际需要，研究制定本地区本部门本单位的档案“七五”普法实施方案或规划，因地制宜地确定普法重点内容、重点对象、重要环节，突出各自的特色和优势项目，有针对性地组织开展法治宣传教育活动。确立普法年度重点项目，开展《档案法》颁布30周年纪念活动，宣传新《档案法》修订精神，组织针对档案行政管理部门工作人员的行政法（系列）专题讲座。加强法治宣传教育工作考核评价，健全考评指标体系，完善考评办法和机制，注重考评结果的运用。

（二）**落实普法责任制**。按照“谁执法谁普法”的普法责任制要求，各级档案行政管理部门建立普法责任清单制度，在执法实践中开展以案释法和警示教育。各级档案部门应落实“谁主管谁负责”的普法责任，在管理和服务过程中，结合本单位本系统实际，开展档案法治宣传教育。各级档案部门要坚持全面从严治党、依规治党，切实履行学习宣传党内法规的职责，充分发挥正面典型倡导和反面案例警示作用，为党内法规的贯彻实施营造良好氛围。

（三）**推进法治宣传教育工作创新**。坚持将集中法治宣传教育与经常性法治宣传教育相结合，开展好档案法治宣传教育。鼓励各级档案行政管理部门利用“12·4”国家宪法日、“6·9”国际档案日、重大纪念日、档案法治宣传月（周）等契机，组织开展档案法治文艺展演展播等活动，并通过汇编出版专题文献，举办大型展览，拍摄档案纪录片、动漫、微电影等多元化途径开发利用档案资源。积极利用互联网等新媒体平台开展档案法治宣传，更好地运用官网专栏、手机客户端、微博、微信公众号来提高档案法治宣传教育的普及度和影响力。

四、具体要求

实施“七五”法治宣传教育规划是党和国家作出的重要决策部署。各级档案部门要高度重视、科学筹划、精心组织，确保本规划顺利实施，取得实效。

（一）提高认识，加强领导。普法工作是全面推进依法治档，促进全国档案事业沿着法治化轨道健康发展的一项重要基础工作。各级档案部门要充分认识档案“七五”普法工作的重要性，将其纳入本地区本部门本单位发展规划和目标任务管理。领导班子成员特别是党政一把手要亲自部署、亲自督查、亲身参与，各级档案部门要建立普法领导小组，健全机制，明确责任，推动档案“七五”普法工作深入开展。

（二）明确对象，突出重点。贯彻落实《关于完善国家工作人员学法用法制度的意见》，将领导干部作为档案法治宣传教育的重点对象，坚持把档案领导干部带头学法、模范守法作为树立法治意识的关键。对青少年和高等院校学生开展有针对性的档案法治宣传教育。完善档案工作人员学法用法制度，定期组织法治讲座、法治研讨等，把宪法、法律和党内法规列入党委（党组）中心组学习内容，把法治教育纳入干部教育培训总体规划，纳入档案工作人员初任培训、任职培训的必训内容，在其他各类培训课程中融入档案法治教育内容，保证课时数量和培训质量，提高依法治档的意识和能力。

（三）增进交流，分类指导。各级档案部门要加强沟通协调，充分利用广播电视、报刊网络、工作座谈会、经验交流会等多种形式交流法治宣传教育新经验新成果，发挥先进典型的示范和带动作用，相互促进，共同提高，形成档案法治宣传教育工作的合力。要深入基层、深入群众调查研究，分析不同地区、不同对象的法律需求，抓住重点环节和关键时间节点，结合各地区各部门各单位工作实际进行分类指导，推进档案法治宣传教育不断深入。

（四）健全机制，强化保障。各级档案部门要健全各项保障机制，将普法工作经费列入财政预算，建立动态增长机制，保证法治宣传教育工作正常开展。高度重视档案法治宣传教育队伍建设，充分调动广大档案工作人员的积极性，在人员配备、定期培训、工作条件等方面给予切实保障。